Claus Eurich

Radikale Liebe

vianova
Verlag Via Nova

Claus Eurich

Radikale Liebe

Die Lebensethik Albert Schweitzers –
Hoffnung für Mensch und Erde

vianova
Verlag Via Nova

1. Auflage 2019

Verlag Via Nova, Alte Landstr. 12, DE-36100 Petersberg

Telefon: (06 61) 6 29 73

Fax: (06 61) 96 79 560

E-Mail: info@verlag-vianova.de

Internet: www.verlag-vianova.de

Umschlaggestaltung: Guter Punkt, München

Satz: Sebastian Carl, Amerang

Druck und Verarbeitung: Appel und Klinger, 96277 Schneckenlohe

ISBN 978-3-86616-473-4

Inhalt

FEBRUAR

MONTAG **13** 7. WOCHE

Solange wir uns von den Annehmlichkeiten des Daseins nicht abwenden wollen, wird auch unser Wunsch nach Befreiung nicht aus dem Herzen kommen.

Sweet Valentine!

Ganz liebe Grüße
aus einem
liebenden Herzen

Dein Thomas

„Ich bin Leben,
das leben will,
inmitten von Leben,
das leben will."

I

„Bote einer neuen Zeit“ – Eine Hinführung

Jede Zeit bringt ihre großen Gestalten hervor, die oft schon während ihrer Lebenszeit erkannt, zumeist jedoch erst nach ihrem Tode tiefer verstanden wurden; verstanden vor allem im Hinblick auf den überzeitlichen Geist, für den sie stehen, und damit für eine Wegweisung weit über eine einzelne Epoche hinaus. Sie waren und sind Menschheitslehrer von interkultureller Weite, und ihre Botschaft ist zutiefst existentiell. Sie berührt das Sein des Menschen als Person und als Gattung an sich.

Lehrer und vor allem Menschheitslehrer aber sind nur solche, deren Worte, deren Geist und deren Sinn in eins gehen mit Taten, mit dem vollzogenen und praktizierten Leben. Sie sind somit Botschaft und Exempel zugleich, also Beispiel gebend.

Solche Menschen können wie Sterne sein. In deiner dunklen Nacht und deiner Suche nach Orientierung leuchten sie und weisen den Weg. Du kannst dich auf den Stern verlassen, doch zugleich weißt du, dass du ihn niemals ganz wirst erreichen können. Ein solcher Stern war und ist Albert Schweitzer (1875-1965) – ein Licht, das nicht verglüht, ein Mahner und Prophet für diese Welt am Abgrund.

Mehr als ein halbes Jahrhundert ist Albert Schweitzer nun „tot". Zwar wird sein Andenken bewahrt. Es liegt ein außerordentlicher Corpus an Literatur von ihm und über ihn vor. Sein Name schmückt Schulen, Krankenhäuser, Stiftungen. Doch die Leuchtkraft seines zentralen Vermächtnisses, der Lebensethik, gerade für diese so lebensverachtende Zeit, in der wir uns bewegen, harrt noch ihrer Befreiung und ihrer Transformation in die Kultur und in das Leben selbst.

Der Mann, den Albert Einstein für den größten Menschen des Jahrhunderts hielt und den Winston Churchill „ein Genie der Menschlichkeit" taufte, passt wahrlich in keine Schublade. Sein wechselhaftes Leben ist eine gewaltige Strecke mit allem, was eine Gipfeltour ausmacht. Unterschiedlichste Facetten fügen sich wie ein Mosaik zu einem Gesamtkunstwerk. Schauen wir uns einzelne Steine in diesem Mosaik bzw. seinen Lebensstationen kurz an:

- Da ist der Theologe, Leben-Jesu-Forscher und Pfarrer…
- der Musikwissenschaftler und Verfasser einer bedeutenden Bach-Biographie…
- der begnadete Orgelspieler und Bach-Interpret mit weltweiten Konzerten…
- der Orgelkenner und Verfasser eines weithin rezeptierten Werkes zum Orgelbau…

- der Mediziner und weltberühmte Urwaldarzt von Lambarene...
- der Kämpfer gegen Atomwaffen und Friedensnobelpreisträger...
- der Philosoph und Schöpfer einer bahnbrechenden Ethik für das Leben...
- der weltweit bestens vernetzte und zugleich bodenständige Kosmopolit...
- der schlichte Mensch und Diener der Mitmenschlichkeit und Mitgeschöpflichkeit.

Was Albert Schweitzers Lebenswerk von dem der meisten anderen großen Denker und Ethiker auszeichnet, ist die Verwobenheit von Geist und Lebenspraxis, von Wort und Tat, von Idee und erschaffener Wirklichkeit, von Prophetie und dem Leben direkt zugewandter Fürsorge. Das hat ihn bereits zeitlebens zu einem Mythos werden lassen.

Doch je heller das Licht, desto mehr gibt es Menschen, die nach Schatten suchen; je klarer der uns vorgehaltene Spiegel, um so größer ist für manche Zeitgenossen die Verführung, nach blinden Stellen zu suchen. Ignoranz, Überheblichkeit, wissenschaftlicher Dünkel, Rechthaberei, Neid oder purer politischer Opportunismus mögen zu den Gründen gehören. Und so blieben auch Albert Schweitzer Angriffe aus den verschiedensten Ecken nicht erspart.

Nach einem gründlichen und nun schon viele Jahre währenden Studium von Werk und Lebenszeugnissen meine ich, zu solchen Anfeindungen in den Worten Herbert Wehners sagen zu können: „Nicht mal ignorieren!“ Schweitzer selbst war bewusst, dass Gutes zu tun, Widerstand von Menschen provoziert. Und so bekannte er sich dazu, grundsätzlich nicht in Rechtfertigungen zu gehen und seine Kräfte auf die konstruktive Arbeit hin zu bündeln. Auf „Kritik mit Leistungen reagieren“ war das Motto – und etwas salopper: „Kritik läuft an mir ab wie das Wasser an der Gans.“

In zwei Predigten, nach seiner Rückkehr 1919 aus Afrika, gehalten in der Straßburger Kirche St. Nicolai, legte Albert Schweitzer erstmals öffentlich seine Gedanken zu einer Ethik der „Ehrfurcht vor dem Leben“ dar. Wir sprechen hier nicht über irgendeine Ethik innerhalb des philosophischen Universums. Es ist die erste westliche Ethik überhaupt, die den Anthropozentrismus überwindet und das Leben an sich, ohne Ausnahme, als heilig erklärt. Zwar können wir nach Schweitzers Einsicht nicht den letzten Sinn des Universums erkennen, denn hier greifen aus dem Blickwinkel des Menschen Sinnvolles und Sinnloses unverstanden ineinander. Aber das Leben können wir erkennen und verstehen und vor allem den universalen Charakter des Lebenswillens.

So identifiziert und markiert er dabei die Grundschwäche aller bisherigen Ethik, nämlich, dass sie allein vom Menschen her kommend sich allein auf ihn auch nur bezog. Mit seiner „Ehrfurcht vor dem Leben“ weitet er diese Engführung auf alles Lebendige hin entscheidend aus. Es entsteht eine Humanitätspflicht hinsichtlich aller Geschöpfe.

Darin nun liegt bereits die Antwort auf die sich aufdrängende Frage, warum es denn nötig erscheint, ein weiteres

Buch über diese literarisch so gut erschlossene Persönlichkeit zu schreiben. Was gäbe es noch Neues zu vermelden, welche biografischen Details noch zu entdecken, welche Facette noch tiefer zu erschließen? Es geht in diesem kleinen Buch nicht um Neues, nicht um diese oder jene herausgefundene Spitzfindigkeit, die Aufmerksamkeit erlangen möchte. Aber 100 Jahre nach dem Öffentlichwerden der „Ehrfurcht vor dem Leben“ schreit der Zustand des Lebens auf diesem Planeten nach neuer und von der Gegenwart her gedachter Aufmerksamkeit und Verbreitung. Schweitzer selbst beklagte die „Gedankenlosigkeit unserer Zeit“ bereits in seinen Tagen. Und wie unendlich viel stärker gilt dies für die Jetztzeit.

Alle bisherigen Lösungswege in unserer Kultur reichen, bezogen auf die von Menschen gemachten Probleme und existentiellen Krisen, nicht mehr hin. Denn sie missachten den Primat der Lebensorientierung.

Rudolf Grabs, Weggefährte und Herausgeber der „Gesammelten Werke“ in fünf Bänden, schrieb im Dezember 1948 an Albert Schweitzer: „Nicht im Überschwang, sondern als Ausdruck innerer Gewissheit bekenne ich, dass Ihr Wort von der *Ehrfurcht vor dem Leben* die einzige Hoffnung ist, die aus dem Dunkel der Tage den Blick für das Land der Menschenzukunft erschließt.“ (Briefwechsel, S. 230 f.)

Und so gilt es, die Botschaft des Doktors aus dem Urwald für das Jetzt neu zu entdecken und sie von den heutigen und zukünftigen Fragen her auf Lösungswege zu befragen. Es gibt nichts wirklich Vergleichbares zu diesem Lichtstrahl aus der Unendlichkeit, der immerfort das jeweils Gegenwärtige durchdringen und verwandeln möchte. Und eigentlich ist es unfassbar, dass dieses am Leben selbst konsequent orientierte Denken und Empfinden nicht schon längst zu einer planetarischen Selbstverständlichkeit geworden ist.

Sein Freund Martin Niemöller (1892 – 1984), im Nationalsozialismus führender Vertreter der Bekennenden Kirche, nannte Albert Schweitzer in einer Gedenkpredigt am 15. September 1965 „Erstling und Bote einer neuen Zeit…“.

Was meint das? Inhaltlich wurde er, lange bevor sich eine integrale ökologische Ethik und eine darauf bezogene Bewegung in der Kultur regte, zu deren Begründer. Lebenspraktisch beweist sich dieser Ehrentitel darin, Visionen nicht nur zu entwerfen, sondern den ersten Schritt zu ihrer Verwirklichung auch selber zu gehen. Erfolgs- und Karrieredenken weichen dem Mitleid, dem Erbarmen und der Barmherzigkeit. Authentizität, Wahrhaftigkeit und Glaubwürdigkeit rücken an die Stelle von Anpassung, Lauheit und Opportunismus.

Für mich persönlich ist die Bedeutung dieses in das Leben verliebten weisen Mannes, Kämpfers und Ästheten unermesslich. Sie hat meine Ethik, die ich Jahrzehnte an der Universität lehrte, fundiert, zentriert und ausgerichtet. Auf Albert Schweitzer bezogen habe ich gelernt, dass wir es uns durchaus zumuten dürfen, andere Menschen zu bewundern, ja zu verehren, ohne sie zu verklären. Wann war eine solche Orientierungskraft notwendiger denn heute?! Und wann war es zugleich heilsamer, bei aller Destruktion doch zu sehen, dass wir Umkehr leben können, dass dafür die Macht des Beispiels gegeben wurde…!

Claus Eurich,
Billerbeck 2019

„Wir kamen von der Kultur ab, weil kein Nachdenken
über Kultur unter uns vorhanden war...
Nun ist für alle offenbar, daß die Selbstvernichtung
der Kultur im Gange ist. Auch was von ihr noch steht,
ist nicht mehr sicher... Es ist ebenfalls auf Geröll gebaut.
Der nächste Bergrutsch kann es mitnehmen.“

II

Fünf nach zwölf – Die Welt, in der wir leben

Es ist in den unterschiedlichsten Organen und Quellen seit Jahrzehnten alles gesagt, nicht nur, was den Zustand des Lebens auf unserem Planeten betrifft, sondern auch die drastisch schwindenden Überlebenschancen von Mensch und zahllosen anderen Geschöpfen und Lebewesen. Man mag die Begriffe Klimawandel, Ausrottung der Arten, dramatische Überbevölkerung, Schändung der Lebensformen, Verseuchung der Böden und Gewässer, Wachstumsirrsinn und Vergötzung des Materialismus gar nicht mehr in den Mund nehmen. Es klingt fast schon selbstverständlich und platt. Alles schon gehört, mehrmals. Aber wirklich *angemessene* Konsequenzen durch die einzelnen Menschen und die sie repräsentierenden Institutionen? Nahe Null!

Die Menschheit ist zerrissen und nur dem Namen nach eins. Das Bild von der *einen* Menschheitsfamilie taugt allenfalls noch als Zerrbild einer zutiefst zerstrittenen und von sich selbst und allem Leben entfremdeten Patchworkfamilie. Die existierenden Widersprüche auf politischer, ökonomischer, sozialer und geistig/spiritueller Ebene reißen unüberwindbar scheinende Gräben zwischen den Völkern und Kulturen. Ein wahres Sichaufbäumen aller Kulturen, ein Menschenbeben, ja eine Revolte gegen sich selbst, gegen den alten Adam und die alte Eva wären nötig. Nur so ließe sich das sich abzeichnende Desaster unserer Gattung zu einem Anstoß für den überfälligen evolutionären Schub nutzen. Doch von der dafür erforderlichen Lebenskraft und sie tragenden dynamischen Zukunftsbildern ist in den politischen und gesellschaftlichen Räumen nur wenig zu sehen. Vor allem aber ist davon so gut wie nichts zu spüren. Und so steuert die Titanic mit dem Namen „Homo Sapiens" unbeirrt auf den Eisberg zu. Die Mannschaft auf der Brücke lässt sich dadurch in ihren selbstverliebten Diskussionen nicht stören – ein zutiefst verstörendes und zugleich absurdes und jämmerliches Bild.

Der evolutionäre Entwicklungsantrieb, der in unserer Gattung seit jeher ruht und sich aus uneingelösten Sehnsuchtspotentialen und einer mehr oder weniger kontinuierlichen Unzufriedenheit nährte, hat sich durch Maßlosigkeit umgekehrt in Richtung Destruktion und Selbstzerstörung. Ihm fehlt, wie Schweitzer es ausdrücken würde, die Verwurzelung in der rechten Welt- und Lebensanschauung. An die Stelle geistiger Tiefe sind Habgier und Genusssucht getreten. Mittlerweile sind wir leichte Beute dieses Triebes. Er ist Wesen und Charakter des Kapitalismus als unserer vorherrschenden Art zu wirtschaften. Strukturell ist er in ihn eingewoben, ja, in seinem Selbstverständnis zu einer eigenen erstrebenswerten „moralischen“ Kategorie geworden. Seine Gottheit nennt sich *Wachstum um jeden Preis*. System, Struktur und persönliche Lebenswelt greifen dabei nahtlos ineinander. Sie erzeugen das, was wir in den Worten der lateinamerikanischen Befreiungstheologie „strukturelle Sünde“ nennen können.

Trotz aller unübersehbaren sozialen und ökologischen Warnzeichen existiert in manchen Ländern auf dieser Erde noch immer ein obszöner Reichtum und ein damit verbundenes Sein in Überfluss, Überdruss und ohne materielle Sorge. Sie halten sich in einer Selbsttäuschung, die auf den alten Mythen der Moderne ruht – nämlich Fortschritt, Wachstum, Wohlstand. Kommt es zu Störungen in diesem Dreiklang, verhilft Wachstum wieder auf die Spur. So klingen der ungebrochene Glaube und die ritualisiert vorgetragenen Beschwörungsformeln der politischen und wirtschaftlichen Priesterkaste. Die Mainstream-Medien greifen sie begierig auf. Noch immer verfangen diese Formeln, selbst bei jenen und in solchen Staaten, welche die Folgen dieses Irrwitzes bereits am eigenen Leibe spüren – durch die Zerstörung der natürlichen Lebensbedingungen, die Vergiftung der Umwelt, die beginnenden Kriege um Rohstoffe und Lebensmittel, die dramatisch steigenden Migrationsströme.

Materialismus als Götzendienst

Der Menschheit sind jene großen Träume und Visionen gelingenden und versöhnten Seins verloren gegangen, für die es sich lohnt, *in jedem Moment lohnt*, für sie zu leben und im Zweifel auch zu sterben. Wir haben es verlernt, von der Zukunft her zu denken und zu empfinden. Die Macht des Gegenwärtigen und des scheinbar Faktischen hält uns in Versklavung – sei alles an Denken und Tun auch noch so lebensfeindlich. Man könnte sogar den Eindruck gewinnen, dass uns angesichts des drohenden zivilisatorischen Untergangs der wahre Wille zum Leben abhandengekommen ist. An seine Stelle ist das *Immer-weiter-*so und *„Es wird schon nicht so schlimm werden"* getreten. Oder gab es vielleicht diesen nachhaltigen und perspektivischen Lebenswillen, der auch über die eigene Existenz hinausdenkt und empfindet, noch nie?

Zu sehr steht in der Geschichte der Menschheit das Ich des Moments und der nahen Gegenwart normalerweise über dem Wir des Zukünftigen. Zu mächtig ist das umsichts- und rücksichtslose Ego, das nur sich selber und allenfalls die Nächsten im Fokus des Eigen- und des Weltinteresses sieht. Ego – das meint hier nicht nur die Beziehungsebene des einzelnen Menschen zu seinen Mitmenschen und Mitgeschöpfen; es umfasst auch das Ego der Staaten und Kulturen und vor allem das Ego unserer Gattung in Bezug auf alle anderen Lebensformen.

Albert Schweitzer hatte den Weg dieser Entwicklung bereits erkannt und durchdrungen. Er hat in eindringlichen Worten gemahnt. Auch wenn selbst ihn das zutiefst erschrecken dürfte, was sich seit seinem Tode bis heute abgespielt hat, so fiele doch seine Ursachenanalyse unverändert aus. Die materielle Entwicklung ist ungleich stärker vorangeschritten als die geistige und die geistig-ethische. Ihr Verhältnis zueinander und damit das Gleichgewicht sind grundlegend gestört. Materielles wird angebetet, geistige Errungenschaften für den Mainstream verworfen. Und so entstand ein fehlerhaftes Verständnis von Kultur, in dem wir die Bedeutung des Geistigen und des darauf sich beziehenden Ethischen auch nicht mehr annähernd erkennen und wertschätzen. Blinder Fortschrittsglaube führt in blindes Wirken.

> „Nun kommen die Tatsachen und rufen uns zur Besinnung. Sie lehren uns in grausig harter Sprache, daß die Kultur, die sich nur nach der materiellen und nicht auch in entsprechendem Maße nach der geistigen Seite hin entwickelt, dem Schiffe gleicht, das mit defektem Steuerapparat in stetig beschleunigter Fahrt seine Steuerbarkeit verliert und damit der Katastrophe zutreibt."
> (Schweitzer 2007, S. 90)

Der Machtanspruch des Materiellen wurde und wird mit großer geistiger Gewalthaftigkeit und sinnlicher bzw. lebenspraktischer Abhängigkeit durchgesetzt. Die entsprechenden Propagandafeldzüge von politischen Programmen und Werbestrategien der Industrie gleichen in ihrer Einseitigkeit einer kollektiven Gehirnwäsche. Sie werden ergänzt durch die zweifellos vorhandene Verführungskraft der Produkte auf allen Ebenen des Konsums, bis tief hinein in den Bereich des Zwischenmenschlichen und der zwischenmenschlichen Kommunikation. *Digitalisierung* und *grenzenlose Mobilität* sind da nur zwei von zahllosen aktuellen Beispielen. Doch solche Strategien können nur gelingen, wenn sie einhergehen mit dem Versagen der politischen Institutionen. Und auch in diesen wird der Geist der Unkultur so lange wirken, wie es nicht gelingt, der Zeit ein neues Bewusstsein zu geben (vgl. ebenda, S. 47). Davon mitbetroffen sind selbst die institutionalisierten Kirchen, deren Sündenfall in der Verbündung mit dem Staat und damit eben auch seinen Institutionen und deren Werteorientierung liegt.

Die beispiellose geistige Verelendung von Kultur und Staat, die Schweitzer bereits in den zwanziger Jahren des vergangenen Jahrhunderts konstatierte, klingt also nicht nur an, sie ist hochgradig aktuell. Dies betrifft auch die damit einhergehende Erziehung eines Großteils der modernen Menschen zu unfreien, ungesammelten, unvollständigen, ja humanitätslosen Wesen. (vgl. ebenda, S. 57)

Freiheit als Bedrohung

Entstanden ist eine auf Begeisterung für das Sinnlose beruhende, technikfixierte, unreflektierte und durchaus fröhlich daherkommende Sattheit. Im Leben mag sie kein Risiko mehr sehen, sondern sie streckt sich nach Sicherheit und Bequemlichkeit. Sie beruht auf einem Freiheits- und Toleranzverständnis, das mit all jenen Verbindlichkeiten bricht, die dem Leben dienen. Überall da wird zugleich Bedrohung gewittert, wo das Wohl des Ganzen, das Wohl des Lebensraumes Erde beachtet werden möchte. Dieser entwurzelte und entsprechend blinde Geist spaltet das Empfinden und das Mitgefühl. Er trennt ab vom Leben.

Vor allem aber resultieren aus ihm letztlich wiederum nur politische und ökonomische Strategien und Interventionen, die sich der Rettung des Bestehenden und nicht dem Entwurf eines lebenswerten Zukünftigen verpflichtet sehen. Schweitzer nennt diesen Zustand der Kultur zu Recht unfrei. Paradoxerweise aber wird gerade in diesem kulturellen Selbstverständnis eine Einschränkung der Freiheit immer dann beklagt, wenn es um dem Leben dienende Eindämmungen des blinden Konsumismus geht.

Die Industrie habe in einem freiheitlichen Rechtstaat das Recht, zu produzieren, was sie will, und der Markt regele den Erfolg oder die Ablehnung der Produkte. Und es stehe dem Bürgerkonsumenten eben zu, alles zu erwerben, was sein Herz– oder besser: sein Bauch – begehrt.

Selbstredend hat dies mit wahrer Freiheit so gut wie nichts zu tun. Der Verantwortungsethiker Hans Jonas (1903 – 1993) wies in einem seiner letzten Interviews darauf hin (SPIEGEL 20/1992, S. 101), dass Freiheit nur existieren kann, indem sie sich selber beschränkt. Ansonsten, können wir ergänzen, raubt und zerstört eine beliebige Freiheit auf Dauer das, wohin sie sich streckt. Hans Magnus Enzensberger hat bereits 1958 hinsichtlich des damals gerade erst aufkommenden Massentourismus diesen Zusammenhang betont, wenn er anspricht, dass der Tourist das, was er sucht, zerstört, indem er es findet. (Vgl. Enzensberger 1958)

Die Freiheit, die nicht von ihrer Begrenzung lebt und sich daraus auch eine gewisse Kontinuität sichert, wird zwangsläufig durch das Verbrauchen und Zerstören der Lebensgrundlagen und Ressourcen in neue Formen von Verelendung und Barbarei führen. Verstärkung wird der Weg dorthin noch dadurch erfahren, dass beginnende Not und Überforderung in Kulturen sofort mit dem Entstehen oder Wiedererwecken von Feindbildern einhergeht. Sie helfen, die Lebensillusionen noch eine Weile über Wasser zu halten. Selten geht es um die eigenen Verstrickungen, zumeist um die Schuld des anderen. Die Angst vor dem Verlust der alten Sicherheiten, die schon lange keine mehr sind und auf Dauer gedacht auch nie welche waren, ist riesengroß und verbreitet sich epidemisch. Denn mit ihnen lösen sich die Vorstellungen von Bestand, von Verlässlichkeit und Planbarkeit auf. Noch viel schlimmer: Die Bequemlichkeit steht auf dem Spiel und die beklemmende Ahnung von einem Ende dessen, was sich zynischerweise „Wohlfahrtsstaat" nennt. Ein Albtraum für den Konsumbürger, dass Knappheit die Zukunft diktieren könnte.

Das aktuelle Erstarken der Feindbildproduktion wird auch ersichtlich an den aufblühenden populistischen Bewegungen und der Renaissance des Nationalismus. Für Schweitzer vollendet sich in den nationalistischen Bestrebungen der Niedergang der Kultur. Denn Nationalismus ist nach seiner Überzeugung, „der unedle und ins sinnlose gesteigerte Patriotismus, der sich zum edlen und gesunden wie die Wahnidee zur normalen Überzeugung verhält." (Schweitzer 2007, S. 41)

Genau diesen Einsichten aber wird im politischen Raum weitestgehend aus dem Weg gegangen. Vor ihnen steht, genau genommen, ein Denkverbot. Über grundlegende, an das Selbstverständnis unseres Wirtschaftens gehende Alternativen hören wir auch in kritischen Medien eigentlich nichts, selbst wenn die schon heute absehbare und spürbare Explosion der Katastrophenkosten bereits den Alltag des Krisenmanagements bestimmt. „Kosten“, das meint hier nicht nur das Pekuniäre, sondern sie schließen das Artensterben und die weltweiten Migrations- und Wanderungsbewegungen mit ein. Die Einsicht drängt sich auf, dass unser Zivilisationsmodell sich nicht mehr lange wird halten können. Vieles erinnert an eine Lebensweise, die versucht, auf einem rutschenden Abhang noch Heimat zu finden. Es gehört wenig Phantasie dazu, sich auszumalen, wie die Verteilungs- und Umverteilungskämpfe aussehen werden, wenn die Rohstoffe und der zu bewirtschaftende Boden wirklich knapp werden. Vieles spricht dann auch dafür, dass sich die Mächtigsten und die Gewalttätigsten durchsetzen werden und ihre Ordnungsvorstellungen der Menschheit diktieren. Dabei würde nicht weniger als die Menschlichkeit, die neben all dem materiellen Fortschritt doch auch über Jahrhunderte erstritten und erlitten wurde, in Frage stehen. Das wäre ein evolutionärer Rückfall unserer Gattung, der an vielen Orten auf diesem Planeten bereits in vollem Gange ist.

Aldous Huxley (1884-1963) sprach in seiner bitteren utopischen Novelle „Ape and Essence“ 1948 von einer verbrecherischen Dummheit unserer Gattung. Sie hinterlässt ein wahrhaft desaströses Erbe mit geraubten Lebenschancen für die folgenden Generationen. In der Folge stellt sich Welt als Unbehagen und Bedrohung dar. Das verbindet uns alle neu, vor allem im Hinblick auf die erwachsene Suizidfähigkeit der Menschheit.

Auch Karl Marx (1818 – 1883) hatte den Untergang der Menschheit bereits mit im Blick. Davon sprechen seine geologischen Studien, in denen er Menschheit und Erde als zwei Lebewesen sieht, die eng miteinander verbunden sind und sich gegenseitig beeinflussen. Es war für ihn die Frage, ob im Zuge dieser Symbiose unser Heimatplanet den die Arten zerstörenden Menschen eines Tages wieder abschüttelt. Keine Frage war es demgegenüber für ihn, dass die Verrohung und Verdummung des Menschen durch den sogenannten Fortschritt mit der Selbstbedrohung verbunden ist. Auf einer Rede im April 1856 sagte er: „Die neuen Quellen des Reichtums verwandeln sich durch einen seltsamen Zauberbann zu Quellen der Not. Die Siege der Wissenschaft scheinen erkauft durch Verlust an Charakter. In dem Maße, wie die Menschheit die Natur bezwingt, scheint der Mensch durch andre Menschen oder durch seine eigne Niedertracht unterjocht zu werden… All unser Erfinden und unser ganzer Fortschritt scheinen darauf hinauszulaufen, daß sie materielle Kräfte mit geistigem Leben ausstatten und das menschliche Leben zu einer materiellen Kraft verdummen.“ (Marx 1961)

Diese Sätze hätten auch von Albert Schweitzer stammen können, dem das Aussterben unserer Art immer gegenwärtig war.

An dieser Stelle ist ein kurzes Innehalten angesagt. Und es ist mir wichtig, nicht falsch verstanden zu werden.

Aus unserer Eigenwahrnehmung heraus sind wir Menschen wunderbare Wesen! Und wir verdienen Zuwendung und Liebe. Man könnte die Menschheit so auch umschreiben als Schönheit in Entwicklung. Für diese Schönheit sprechen nicht nur die wunderbaren Hervorbringungen bildender Kunst, Musik, Poesie, Literatur und Wissenschaft. Dafür sprechen gerade heute die zahllosen Initiativen weltweit, die sich auf den Weg machen, der Erde ein anderes, ein von Liebe erfülltes Angesicht zu geben. Und dafür spricht schließlich immer noch, dass der einzelne Mensch ein unglaubliches Wunder der Natur ist.

Aber es gibt eben auch den anderen, den evolutionären Blick, der sich vom Leben selber her auf uns richtet. Und da sind wir im Konzert der Arten und in der Beziehung zu Mutter Erde an einem Punkt angelangt, der uns als Parasiten brandmarkt. Es ist die unsentimentale Sichtweise. Sie weist uns darauf hin, dass wir das Gleichgewicht des Lebens so massiv gestört haben, dass dies letztendlich im Suizid enden muss. Sie lässt uns heute nüchtern erkennen, dass unsere wahllose Vermehrung, verbunden mit einem unreflektierten Konsum, alles andere als ein Segen, vielmehr ein desaströses Verhängnis ist – für die Grundlagen des Lebens und damit auch für uns selbst.

Am deutlichsten wird der schändliche Umgang des Menschen mit dem Leben am Beispiel unserer nächsten Verwandten, der Tiere. Dazu nur wenige Zahlen, die einen globalen Trend bzw. globale Verhaltensweisen umschreiben. Bis zu 58.000 Tierarten rotten wir jedes Jahr aus (vgl. Dirzo u.a. 2014); über 60 Milliarden Tiere werden jährlich weltweit, laut Statistischem Bundesamt davon allein in Deutschland (2017) ca. 745 Millionen Tiere, geschlachtet; 100.000 Delphine und Kleinwale mussten 2018 weltweit ihr Leben lassen. Wir morden und plündern also nicht nur wahllos in den Refugien des Lebens auf unserem Planeten, sondern wir produzieren in kaum vorstellbarer Weise Lebewesen, nur um sie dann nach einem überwiegend entwürdigenden Dasein wieder auf schrecklichste Art hinzurichten.

Lange bevor absehbar war, in welche besondere Schwere der Schuld sich der Mensch durch Massentierhaltung und industrielle Massenvernichtung bewusst und letztlich gewollt begibt, klagt Albert Schweitzer in einer 1908 gehaltenen Predigt in Straßburg an: „Wer in diesen Abgrund von Qual, welche die Menschen über die Tiere bringen, hineingeblickt hat, der sieht kein Licht mehr; es liegt wie ein Schatten über allem, und er kann sich nicht mehr unbedingt freuen... der Menschengeist hat das Vermögen des Mitleids; er schafft nicht Qual, sondern bannt sie... So ist der wissende Mensch ein Erlöser der Kreatur; so weit seine Macht und Kraft reicht, kann er die Qual von der Kreatur nehmen. Wie furchtbar, wenn der Mensch statt zu erlösen, schuldig wird und quält!" (Schweitzer 2006, S. 52 f.)

An dieser Entwicklung ist das Christentum laut Schweitzer unmittelbar beteiligt. Es ist den sittlichen Anforderungen, die unser Verhältnis und unser Verhalten dem Tier gegenüber prägen sollten, trotz entsprechender biblischer Hinweise und Mahnungen nicht nachgekommen. Und so findet sich über die Jahrhunderte ernsteste Frömmigkeit verbunden mit größter Gedankenlosigkeit und Rohheit. „Man denkt weniger daran, was wir der armen Kreatur sein sollten, als immer wieder, wie man den Unterschied

zwischen dem Menschen und ihr möglichst hervorhebe."
(Ebenda, S. 61)

Das Versagen der alten Ethik

Es erhebt sich die Frage, wie es denn sein kann, dass das schlimme Unrecht, das der Mensch an seinen Mitgeschöpfen verursacht und begangen hat, nicht zu einem Aufschrei der Ethiker geführt hat. Der Grund ist einfach: Es war und überwiegend ist es ihnen egal. Die europäische Ethik, mit Ausnahme Schweitzers und vor ihm mit Einschränkungen Schopenhauers, verharrt bis heute in ihrer anthropozentrischen Nische, verlängert also den Egozentrismus auf unsere Gattung schlechthin. Sie ist also ganz auf den Menschen, seine Rechte, seine Bedürfnisse, seine Umgangsweisen mit Seinesgleichen beschränkt. Ihr muss, wie Schweitzer anmerkte, seit jeher instinktiv klar gewesen sein, in welche Schwierigkeiten sie geriete, würde sie das Gebot der Liebe zu allen Lebewesen ins Zentrum rücken. Über den Menschen hinauszugehen, sei für sie lediglich ein unbedeutender Anbau an das ethische Hauptgebäude.

„Wie die Hausfrau, die die Stube gescheuert hat, Sorge trägt, daß die Türe zu ist, damit ja der Hund nicht hereinkomme und das getane Werk durch die Spuren seiner Pfoten entstelle, also wachen die europäischen Denker darüber, daß ihnen kein Tier in der Ethik herumlaufe. Was sie sich an Torheiten leisten, um die überlieferte Engherzigkeit aufrechtzuerhalten und auf ein Prinzip zu bringen, grenzt ans Unglaubliche. Entweder lassen sie das Mitgefühl gegen

Tiere ganz weg, oder sie sorgen dafür, daß es zu einem nichtssagenden Rest zusammenschrumpft. Lassen sie etwas mehr davon bestehen, so glauben sie dafür weithergeholte Rechtfertigungen, wenn nicht gar Entschuldigungen vorbringen zu müssen." (Schweitzer 2007, S. 295)

So erhielt auch die durch den Stuttgarter Pfarrer Dann (1758 – 1837) begründete moderne Tierschutzbewegung von der europäischen Philosophie keine Unterstützung. Zu diesem „Abenteuer mit unabsehbaren Folgen" hatte sie weder die geistige Tiefe noch den Mut.

Heute, wo empfindsame und wahrhaft denkende Menschen dem Blick auf unsere Schandtaten nicht mehr ausweichen können, wird mehr und mehr ersichtlich, wie sehr ein solchermaßen kastriertes Ethos auch unserem tiefstem Empfinden widerspricht. Und so wird man mit Schweitzer sagen können, dass es eine „verlorene Position" ist. (ebenda)

Genau dies muss auch den Weltreligionen, vor allem den abrahamitischen, also Judentum, Christentum und Islam, vorgeworfen werden. Sie haben den auf einer umfassenden Ethik basierenden Kulturfortschritt, den sie durch ihren großen Einfluss auf die Weltanschauung der Menschen hätten bewirken können, verweigert. Ihr Denken ist, wie in der Kultur dann insgesamt, an der Aufgabe gescheitert, den universalen Schöpfungs- und Lebensimpuls mit einer entsprechenden Ethik zusammenzudenken. (vgl. Schweitzer 2001, S. 161ff.) So verharren sie in einem Stadium selbstverschuldeter Naivität und Lebensignoranz. Und so erweisen sie sich in einem tieferen Sinne als evolutions-, also entwicklungsfeindlich.

Für Schweitzer war es eine Herausforderung und zugleich Selbstverständlichkeit, der provinziellen Enge des abendländischen Denkens und seiner Uneinsichtigkeit über eine Verschmelzung mit dem „Weltdenken“ zu entkommen. Zugleich konstatierte er mit großer Klarheit und Strenge, dass das tiefere Empfinden für das Leben und damit das Ethische untrennbar mit der Philosophie verbunden sein muss. Ansonsten drohe diese, im geistreichen und zugleich armseligen Philosophieren zu verharren. (vgl. Weber 2013, S. 80f.)

„Was wir Liebe nennen,
ist seinem Wesen nach Ehrfurcht vor dem Leben.
Alle materiellen und geistige Werte sind Werte nur insofern,
als sie der höchsten Erhaltung und Förderung
von Leben dienen.“

III

Die Antwort von Albert Schweitzer: „Alles Leben ist heilig!“

Im Verständnis Schweitzers existiert nur dort Kultur, wo eine sittliche und optimistische Weltanschauung lebt. Ja, das Wesen der Kultur ist nach seiner Überzeugung die geistige und ethische Vollendung des einzelnen Menschen und der Gesellschaft. Ansonsten herrsche, trotz allen sonstigen Fortschritts, nur Armut und Leere. (vgl. Schweitzer 2005, S. 36)

Das wirft die grundlegende Frage auf, ob das, was wir Kultur nennen, überhaupt genügend sittliche Energie besitzt, um Kultur zu sein. Ist das ethische Fundament kraftvoll und gefestigt genug, um den sich wandelnden und doch beständig geforderten Dienst am Leben zu garantieren? Es fällt wahrhaft schwer, dies zu bejahen. Wenn auch auf einem anderen zivilisatorischen und vor allem technologischen Niveau, unterscheidet sich die Gegenwart doch nicht von der Zeitanalyse Schweitzers, der in dem geistigen und ethischen Zerfall den Anstoß für seine elementare Ethik fand. Sie bildet den Kontrapunkt zu all jenen zeitgenössischen Pseudoethiken, die den Menschen halt- und orientierungslos in seiner Schuld belassen. (vgl. Schweitzer 2013, S. 43f.) Auf tiefer und weiter Lebens- und damit Weltbejahung beruhend, will sie Wege aufzeigen, so wenig wie irgend möglich in Schuld verstrickt zu werden. Im Ethischwerden erhält Weltbejahung als Lebensbejahung dabei überhaupt erst ihre Begründung. Das Heil jedoch sieht die Ethik dabei nicht in Maßnahmen und Regelungsmechanismen, sondern in neuen Gesinnungen. Diese führen aus dem Niedergang in eine neue Blüte der Kultur.

Geistiges Verhältnis zum Sein

Wir stoßen bei Albert Schweitzer hinsichtlich aller grundsätzlichen Fragen und Erörterungen auf den Primat des Geistigen. Der Sinn des menschlichen Seins an sich liegt nach seiner über Jahrzehnte gereiften tiefen Überzeugung darin, unser natürliches Verhältnis zur Welt zu einem geistigen Verhältnis zu erheben. So werden wir frei von einem gedankenlosen und nur auf die Befriedigung äußerer Bedürfnisse gerichteten Dahinleben, das den Bezug zu dem Leben um sich herum verloren bzw. nie erlangt hat.

Das geistige Verhältnis zur Welt und die sich in der Folge unweigerlich erschließende und ergebende Gesinnung und Sittlichkeit sind es, mit denen wir wirksam den Problemen in der Welt entgegentreten können. Sie allein haben die Macht, in das von den Menschen angerichtete Chaos wieder Ordnung zu bringen. Dabei werden sie zwar nicht das Unrecht in Gänze von dieser Erde verbannen können;

schon gar nicht vermögen sie die oft brutalen Gesetze der Natur aufzuheben. Doch das Maß an Leid und Schuld können sie deutlich mindern. (vgl. Günzler 2017, S. 31)

Für Schweitzer bezieht sich dieser alles überragende Stellenwert des Ethischen nicht nur, wie ansonsten in der Philosophie und Theologie, auf den einzelnen Menschen. Für ihn müssen auch ganze Völker zu ethischen Persönlichkeiten werden. (vgl. Schweitzer 2013, S. 31) Nur die daraus dann erwachsende höchste Stufe der Kultur vermag durch ihre sittlichen Anstrengungen zum edelsten Menschentum und zur Weltvollendung hinzuführen. Wir können hier also von einer Individual- und einer Kollektiv- bzw. Kulturethik zugleich sprechen.

Dass hinter der machtvollen Bedeutung einer universalen Ethik alle weiteren Gedanken und Erkenntnisse zurückstehen müssen, erklärt sich in dem nüchternen Blick von Albert Schweitzer auf das Sein an sich. Es erhält seinen Sinn nicht aus sich selbst, sondern nur für uns, die Menschen, durch unsere Vorstellung, unsere Orientierung und unser Wirken. In dem Sinn der Welt selber kann der Sinn des Lebens nämlich nicht begriffen werden.

„Was wir für die Erde bedeuten, wissen wir nicht. Wie viel weniger dürfen wir uns dann anmaßen, dem unendlichen Universum einen auf uns zielenden oder durch unsere Existenz erklärbaren Sinn beilegen zu wollen…, ein solcher Versuch wird auch schon dadurch zunichte gemacht, daß es uns nicht gelingt, eine allgemeine Zweckmäßigkeit des Weltverlaufs zu entdecken. Was wir an Zweckmäßigkeit in der Welt finden, ist immer nur isolierte Zweckmäßigkeit... Leben mit Leben zu einem Gesamtleben zusammenlaufen zu lassen, unternimmt die Natur nicht. Sie ist wunderbar schöpferische und zugleich sinnlos zerstörende Kraft. Ratlos stehen wir ihr gegenüber." (Schweitzer 2007, S. 273)

So gesehen übrigens, scheint der Mensch an sich zunächst ein Spiegel der Natur in Sinnhaftigkeit und Sinnlosigkeit zugleich zu sein. Lediglich Vergeistigung und das aus ihr resultierende ethische Handeln vermögen die Waage zum Sinnvollen hin zu bewegen. Hier liegt der Schlüssel, um in der Folge in ein geistiges Verhältnis zur Welt zu gelangen. Darin liegt dann schließlich und daraus folgt zugleich eine Zielhaftigkeit, die das nackte Sein an sich und das Sich-bloße-Ausleben des Naturhaften überwindet. Die Einsicht in diesen Zusammenhang erlangen wir durch Erkenntnis und das Empfinden unseres Lebenswillens. Er konfrontiert uns mit der Frage nach seinem Warum, seinem Woher und seinem Wohin. Ihm gilt es zu folgen und treu zu bleiben. Zu dieser Treue gehört dann in der Folge, dass das, was ich mir als Lebenswillen und eine daraus folgende Lebensbejahung zubillige, auf alles Leben übertrage. Dann werde ich mein Leben nicht mehr nur für mich, sondern im Bewusstsein des Einsseins gestalten. Das Schicksal des Du, nicht nur des menschlichen, das mir begegnet, wird durch Mitempfinden zu meinem eigenen Schicksal. Ich lasse ihm die entsprechende und notwendige Hilfe zukommen. (vgl. Schweitzer 2015, S. 198) So, im Mitfühlen mit allen Geschöpfen und der entsprechenden ethischen Tat, verdient der Mensch erst den Namen Mensch.

Gut und Böse

Damit sind wir bereits im Zentrum der Lebensethik von Albert Schweitzer angelangt. Und wir treffen auf deren Grundprinzip, wobei, so Schweitzer, jede wahre Ethik auf ein entsprechendes Grundprinzip zurückzuführen sein muss.

Der Mensch erlebt das andere Leben in seinem eigenen. Er ist ergriffen von „dem unendlichen, unergründlichen, vorwärtstreibenden Willen, in dem alles Sein gegründet ist." (Schweitzer 2007, S. 282) Es wurde bereits erwähnt, dass Schweitzer die entsprechenden Überlegungen das erste Mal öffentlich in einer Predigt am 23. Februar 1919 zu St. Nicolai in Straßburg darlegte. Wir lesen daraus die ersten Sätze:

> „Gut ist: Leben erhalten und fördern; schlecht ist: Leben hemmen und zerstören. Sittlich sind wir, wenn wir aus unserem Eigensinn heraustreten, die Fremdheit den anderen Wesen gegenüber ablegen und alles, was sich von ihrem Leben um uns abspielt, miterleben und miterleiden. In dieser Eigenschaft erst sind wir wahrhaft Menschen; in ihr besitzen wir eine eigene, unverlierbare, fort und fort entwickelbare, sich orientierende Sittlichkeit." (Schweitzer 2013, S. 139)

Einem solchen verfeinernden Empfinden stehen Verstellung, Lüge, Trug und Unlauterkeit entgegen und damit eine innere Schädigung des Willens zum Leben. (vgl. Schweitzer 1999/ 2000, S. 233f.)

Das hat dramatische Folgen im Alltag. Schädigung von Leben kann jetzt nur noch gebilligt werden, wenn es als notwendiges und begründetes Opfer dem Erhalt anderen Lebens dient. Diese Entscheidung jedoch darf niemals aus Gedankenlosigkeit, sondern sie muss immer in hoher Verantwortlichkeit und von Fall zu Fall neu getroffen werden. Dabei ist sich der Mensch bewusst, mehr oder weniger willkürlich zu handeln. Die Verantwortung für das geopferte Leben muss er alleine tragen. (vgl. Schweitzer 2015, S. 200) Das von Verstand und Empathie unterstützte Gewissen dient dabei als letzte Instanz.

Aus dem Blickwinkel des Vernichtungsfeldzuges gegen die unterschiedlichsten Lebensformen und Lebensweisen, die unsere Konsumgesellschaft wie selbstverständlich und vorgeblich lebensnotwendig praktiziert, grenzt eine solche Überlegung an Irrsinn, zumindest aber eine völlig uneinlösbare Erfordernis. Und wahrlich: Schweitzer stellt ein Gebot auf, das keine Relativität mehr kennt. Es ist absolut und lautet:

> Alles Leben ist kostbar,
> alles Leben ist heilig.

Der Mensch muss dem Willen zum Leben, der auch allen anderen Existenzen eigen ist, Verstehen und Ehrfurcht entgegenbringen. Das betrifft die Pflanzen und die Tiere in gleichem Maße wie sein eigenes. Es betrifft übrigens aber auch das geistige Leben. Die Ehrfurcht vor diesem wächst mit der vor dem natürlichen Sein. Untrennbar ist also mit der „Ehrfurcht vor dem Leben“ der Grundsatz verbunden, dass sie nicht in höheres und niederes, wertvolles oder minderes Sein unterscheidet. In einem Brief vom 7. November 1931 bringt Schweitzer dies gegenüber dem Freund und Prager Philosophen Oskar Kraus (1872-1942) äußerst klar zum Ausdruck: „Ja, lieber Freund, und wenn ihr mich totschlagt, so erkenne ich keine *objektiv geltenden* Wertunterschiede im Leben an. Jedes Leben ist heilig! ...Wertunterschiede machen wir aus subjektiver Notwendigkeit, aber darüber hinaus gelten sie nicht. Der Satz, dass alles Leben heilig ist, erlaubt keine Steigerung. Darin werde ich immer Ketzer bleiben. Es ist eine Principienfrage, aber eine, die tief in das Fundament der Weltanschauung hinabreicht." (Briefwechsel, S. 447)

> Allem Leben, das sich in Not befindet, schuldet der Mensch somit auch helfende Hingabe. Es gibt kein wertloses Leben, dessen Vernichtung oder Schädigung zu rechtfertigen wäre. Jeder Versuch, dies zu tun, resultiert aus einem zutiefst subjektiven und ignoranten Bezugspunkt des Menschen. „Unter wertlosem Leben werden dann, je nach den Umständen, Arten von Insekten oder primitive Völker verstanden." (Schweitzer 2006, S. 25)

Die Ethik der Ehrfurcht vor dem Leben kann als die einzige wahrhaft umfassende und somit vollständige Ethik bezeichnet werden. Relative Ethiken, wie die heute so verbreiteten interessengesteuerten Systemethiken (Wirtschaftsethik, Umweltethik, Medienethik, Medizinethik, Gen-Ethik etc.), kann sie nicht anerkennen. Und doch ist der Respekt

Schweitzers vor der Entscheidungsfreiheit des mündigen Menschen so groß, dass er nicht der Gefahr erliegt, ein allgemeines und Verbindlichkeit reklamierendes Normen- und Regelwerk zu konstruieren. Jeder Mensch soll das, was ihn ins Handeln führt, als Maßstab und Anstoß in sich selber finden. Liebe, Empathie, Mitfreude und Mitleid sind dabei die dem Ethischen zugrunde liegenden Ausgangsenergien.

Bruder Tier

Oft diktiert unsere evolutionäre Verfasstheit uns Grenzen, die vor allem die Wahrnehmung anderen Lebens und ein darauf bezogenes Mitempfinden einschränken. Wir können nicht in allem zugleich und in der jeweils vielleicht notwendigen und angemessenen Tiefe mitleben. Es würde uns auf verschiedensten Ebenen, vor allem emotional, überfordern. Deshalb kommt an diesem Punkt die herausragende Bedeutung des Denkens, auf die wir noch ausführlicher zurückkommen werden, zum Tragen. Das Denken lässt mich meinen Lebenswillen erkennen. Im Denken versetze ich mich in die als selbstverständlich respektierte Notwendigkeit, diesen Willen auch anderem Leben zuzugestehen. Hat der Kopf einmal diese Entscheidung aus tiefster Überzeugung getroffen, verändert sich die Wahrnehmung anderen Seins. In der Folge vermag und wird nun leichter auch Mitempfinden, ja Mitleid entstehen.

Albert Schweitzer hob aus diesem Verständnis die Tiere, mit denen er sich in Lambarene reichhaltig umgeben sah und bewusst umgab, in die Geschwisterlichkeit mit dem Menschen. Um jede Kreatur, die uns auf dem Lebensweg begegnet, müssen wir uns kümmern, wenn sie unsere Hilfe benötigt. (vgl. Schweitzer 2006, S. 11) Darin zeigt sich die Ernsthaftigkeit, mit der die „Ehrfurcht vor dem Leben" in Anwendung tritt. Und darin liegt das entscheidende Hinausgreifen über die anderen abendländischen Ethik-Gebäude, denen das Tier kaum eine Erwähnung wert war. (vgl. ausführlich Eurich 2000, S. 77-92)

Gewiss hat sich der Mensch eine herausragende und privilegierte Stellung im Konzert des Lebens geschaffen. Doch dies berechtigt ihn in keiner Weise zum Hochmut, der Missachtung oder gar der Schädigung anderer Lebensformen. Im Gegenteil. Diese Position innerhalb des Weltenganzen legt ihm eine außerordentliche Verantwortung auf. Der Stärkere schützt und bewahrt das schwächere oder an den Rand getriebene Leben. Versteh endlich, Mensch, dass es zu deiner Familie gehört...

Schweitzer sah sich da eins mit Jesus, wenn er etwa auf die Gleichnisse verwies, in denen dieser die Sorge auch um das letzte verlorene Schaf anmahnte.

„Man hat sich darüber Gedanken gemacht, dass Jesus nicht die Barmherzigkeit gegen die armen, leidenden Tiere, sei es auch nur mit einem Worte, berührt habe; manche haben gemeint, Barmherzigkeit gegen die Tiere gehöre nicht zum Christentum. Zu solchen Leuten möchte man sagen: Ihr oberflächlichen Menschen, schlagt doch einmal des Herrn Gleichnisse nach, seht, wie er in so feiner und sinniger Weise von den Tieren, ihrer Pein und ihrer Sorglosigkeit spricht, lest einmal das Gleichnis vom verlorenen Schaf Mt. 18,12-14 – und ihr könnt noch glauben, dass der, welcher von sich dort als <guten Hirten> redet, nicht Erbarmen für die Tiere im Herzen verspürt?" (Ebenda, S. 46)

Albert Schweitzer kann als Pate der modernen Tierschutzbewegung gesehen werden. Und doch geht es zugleich um noch mehr als nur diesen Aspekt der Fürsorge und des Schutzes. Wir begegnen *jedem* anderen Leben mit Hochachtung und Respekt um seiner selbst willen. Und wenn dieser Respekt es fordert, lassen wir es; lassen das andere Leben mit seinen Bedürfnissen und Entwicklungsmöglichkeiten in seinen Lebensräumen und tragen für deren Erhalt größte Sorge.

Gegen Ende seines Lebens zog Schweitzer auch in der vegetarischen Frage die notwendige Konsequenz. Schon früher hatte er Bedacht eingefordert und angemahnt, von der Vernichtung von Leben, das dem unsrigen näher verwandt ist, Abstand zu nehmen und nie Tiere nur um des Zweckes der Schlachtung zu züchten. (vgl. Weber 2013, S. 237) In einem ausführlichen Brief wandte sich schließlich eine Salzburger Tierschützerin namens Evi Solny, über die wir nicht mehr wissen, an ihn. Sie schrieb u.a.:

> „In Leo Tolstois Warnung an die Menschheit: Solange es Schlachthöfe gibt, wird es auch Schlachtfelder geben, höre ich den Widerhall der Worte Moses, benötige jedoch den Kommentar eines gelehrten Christen, um die richtige

> Marschroute zum Segen der unendlich gequälten Tierlein einzuschlagen...Der Widerspruch zwischen dem ethischen Gebot und der scheinbaren Unlösbarkeit des Schöpfungsrätsels erschüttert mich derart, dass ich mich zu dem Schritt überwand, Sie, hochverehrtes Vorbild der Christenheit, um einen Fingerzeig zu bitten...
> Bitte erleichtern Sie einer Tierschützerin den harten Kampf, indem Sie ihr das Geheimnis Ihrer Seelenruhe offenbaren."

Am 30.8.1964 antwortete Schweitzer:

> »Ja, das große Problem, ob wir Tiere töten und essen dürfen, wird uns langsam bewusst. Es lässt sich viel dagegen sagen. Das Problem ist ja erst spät sichtbar geworden. Meine Ansicht ist, dass wir, die wir für die Schonung der Tiere eintreten, ganz dem Fleischkonsum entsagen und auch gegen ihn reden. So mache ich es selber.« (aus dem Schweitzer-Archiv in Günsbach)

Ganzheit und Selbstentzweiung

Mit der „Ehrfurcht vor dem Leben" lernen wir Menschen, das Leben – unterschiedslos – in seinem Verwirklichungsdrang zu sehen, zu verstehen und zu respektieren; und damit gelingt uns auch ein besserer Blick auf uns selbst als „Leben, das leben will, inmitten von Leben, das leben will."

So bewahrheitet sich die alte Erkenntnis, dass der Mensch in der Spiegelung durch das Du zum wahren Ich geführt werden kann. In dieser Begegnung beginnt er zu verstehen, dass sein Ich Teil des Ganzen und er von diesem her zu identifizieren ist. Er sieht zudem, dass nicht nur er in der Welt aufgeht, sondern die Welt auch in ihm. So steht er in einem universalen Dialog, der alle vier Ebenen des Du mit einschließt und berührt.

Wir begegnen dem Du in der *Schöpfung* – in den Elementen, den Pflanzen, den Tieren, den Gestirnen. Diese Begegnung lebt von der Anerkennung und Respektierung des Lebenswerten allen Seins. Wir hören etwa die Sprache des Baumes zwischen Verwurzelung und himmlischem Freiheitsdrang. Wir empfangen vom Licht der Gestirne die Botschaft der Ausdehnung und der Unendlichkeit. Wir lesen in den Augen eines Tieres das scheue Ahnen der Sehnsucht. Alles erkennen wir als zugehörig zur universalen Geschwisterschaft.

Wir begegnen dem Du im *anderen Menschen.* In dieser Begegnung mit dem uns gattungsmäßig Gleichen und in der Anerkennung des So-Seins des Anderen erfahren wir Befreiung zu uns selbst und dem Menschheitskörper insgesamt.

Wir begegnen dem Du in der *geistigen und göttlichen Welt.* In dieser Begegnung mit den Quellen und den Zielen unserer Sehnsucht, mit dem Woher und Wohin unseres und allen Seins, werden unser Stolz und unsere Hybris relativiert. Wir sehen und verstehen, was uns unendlich übersteigt und wessen Teil wir zugleich sind.

Wir begegnen dem *eigenen, inneren Du* und damit unserem innersten Seinsgrund und Resonanzraum. Er ist mit allem verbunden, ja eins. Erst das macht uns zum ganzen Menschen. Es bewahrt uns davor, zerrissen, ausgeliefert und ohnmächtig zu sein.

Der Stellenwert der Begegnung mit unserem inneren Du verdeutlicht den Stellenwert des eigenen Lebens. Die Ehrfurcht vor dem Leben schließt an zentraler Stelle die Ehrfurcht vor dem eigenen Leben mit ein. Die Ehrfurcht und Achtung vor dem kosmischen und geschöpflichen Teil meines Seins und meines Wesens spitzt die Ehrfurcht vor dem Leben erst in ihrer ganzen Tragweite zu. Nun werden mir meine Verantwortung und meine Grenzen bewusst, verstehe ich auch meinen Auftrag im Dienst am Ganzen! Dann gibt es kein Entrinnen mehr. Jetzt stehe ich durch das Bewusstsein meiner selbst im universalen Kontext. Selbstmissachtung, vor allem durch das Blockieren der in mir ruhenden Möglichkeiten, hieße nun: Die Entwicklung des Ganzen bremsen. (vgl. dazu Schweitzer 2007, S. 277ff.)

Die Verbundenheit und Einheit des Lebens schützt es nicht davor, sich immer wieder selbst als größter Feind gegenüberzutreten. Selbstentzweiung nennt Schweitzer dies und schaut dabei auf ein Rätsel, das er nicht zu lösen vermag. Fassungslos und es doch respektierend steht der Lebensforscher der Zerrissenheit in der Welt gegenüber. Leben zu vernichten und es zu schädigen, scheint uns auferlegt. „Du gehst auf einem Waldpfad; die Sonne scheint in hellen Flecken durch die Wipfel hindurch; die Vögel singen; tausend

Insekten summen froh durch die Luft. Aber dein Weg, ohne daß du etwas dafür kannst, ist Tod. Da quält sich eine Ameise, die du zertreten, dort ein Käferchen, das du zerquetscht, dort windet sich ein Wurm, über den dein Fuß gegangen. In das herrliche Lied vom Leben klingt die Melodie von dem Weh und Tod, die von dir, dem unschuldig Schuldigen, kommen, hinein." (Schweitzer 2013, S. 35)

Zu unserem schuldlos Schuldigsein tritt die Tatsache, dass die Natur selber keine Ehrfurcht kennt und somit keine Ethik. So wie sie in großer Vielfalt Leben hervorbringt, zerstört sie es. Denn Leben lebt von Leben, lebt auf Kosten anderen Seins. „Schaue der Spinne zu! Wie grauenvoll ist das Handwerk, das sie die Natur gelehrt!" (ebd., S. 33)

Was uns im Gegensatz zur Spinne bleibt, ist das Ringen darum, der Naturnotwendigkeit zur Selbstentzweiung immer wieder und so oft wie irgend möglich zu entkommen – in der Mischung aus Achtsamkeit, Umsicht und Barmherzigkeit. Und dort, wo wir bewusst schädigen und töten, um uns selbst zu bewahren, bedarf es in jedem Einzelfall einer hinreichenden, überzeugenden Begründung. In keinem Falle dürfen wir uns auf die Grausamkeit der Natur berufen, um unsere eigene Grausamkeit zu rechtfertigen. Vielmehr gilt es, jedem Grauen eine Grenze zu setzen, soweit unser Einfluss und unser Wirken reichen. (vgl. Schweitzer 2006, S. 111)

Denknotwendigkeit

Wie gesagt, alles Leben ist heilig. Will man diesen ethischen Welt- und Lebenszugang eines Menschen, aus welchen Gründen auch immer, herabmindern, legt man ihn mit spitzen Fingern in die Schublade der weltfremden Sentimentalität. Doch es sind gerade das Denken und das Erkennen, die uns zu dem entsprechenden Lebensverständnis führen. Und in deren Folge, viel mehr als aus sich selbst, sind es dann die Liebeskräfte des Herzens, die zur Grundlegung des Ethischen führen. Ethik entsteht so erst durch die Notwendigkeit, sich denkend mit der Wirklichkeit auseinanderzusetzen und dabei auch die „Ehrfurcht vor der Wahrheit" über alles zu stellen. *„Ethisch werden heißt wahrhaft denkend werden."* (Schweitzer 2007, S. 306) In einem Brief an Rudolf Grabs vom März 1951 führt Schweitzer diesen Grundsatz aus: „Sie verstehen das, was von den anderen oft übersehen wird, dass die ethische Lebensbejahung nicht nur gefordert, sondern denknotwendig ist. Darauf kommt es mir an." (Briefwechsel, S. 244)

Ausgangspunkt für das Ethische sind für den Lebensethiker also nicht religiöse Orientierungen oder Gefühle, sondern eine im Denken und Erkennen begründete Vernunft. Das unterscheidet eine vernunftgemäße Ethik von lebensdienlichen Handlungen, die sich rein situativ gefühlsgesteuert ergeben. Wenn wir Schweitzer weiterdenken, reichen diese eben nicht aus; denn Gefühle unterliegen keinen aus der Vernunft ableitbaren zeitunabhängigen Notwendigkeiten. Das genau aber fordert die Lebensethik ein! Auch wenn sie an die Gefühle appelliert, ja diese zu orientieren vermag, so muss im Letzten dem ethischen Handeln das denkend Erkannte genügen. Nur dieses vermag sich kraftvoll, selbst in emotional erkalteten Zeiten zu positionieren; nur dieses erweist sich stärker als jede sogenannte Macht der Verhältnisse.

In der fehlenden Klarheit und Konsequenz des Denkens liegt auch die ethische Schwäche der Weltreligionen begründet. Zu unvollkommen und unvollkommen begründet seien die entsprechenden ethischen Weltanschauungen. Und so standen und stehen einzelne Menschen und Gesellschaften durch die Religionen „unter dem Einfluß unzureichender, fehlerhafter und sich verbrauchender Ideale." (Schweitzer 2001, S. 161)

Es ist das außerordentliche Privileg des Menschen, den Willen zum Leben, der sich in allem Sein und allen Lebensformen ausdrückt, denkend zu erkennen und sich so in klarem Bewusstsein selbst zu erfahren. So lässt sich dieser Wille im Voranschreiten der individuellen Existenz entsprechend bewusst entwickeln und verfeinern. „Lasse ich mir dieses Selbsterleben nicht in Gedankenlosigkeit entschwinden, sondern verharre ich darin, es als wertvoll zu empfinden, so geht mir das Geheimnis der geistigen Selbstbehauptung auf. Ungeahnte Freiheit von den Schicksalen des Lebens wird mir zuteil." (Schweitzer 2007, S. 312)

In der bereits erwähnten Predigt zur „Ehrfurcht vor dem Leben" im Februar 1919 spricht Schweitzer gar davon, dass nur der *wissende* Mensch fähig sei, Erlösung in das Elend zu bringen, das der „in sich selbst entzweite Wille zum Leben in die Welt gebracht hat.“ (Schweitzer 2013, S. 36)

Dieser durch nichts zu ersetzenden Bedeutung von Denken und Erkennen sollte man jedoch noch einen Zusatz widmen. Albert Schweitzer selbst betonte des Öfteren, dass sein Erkennen pessimistisch sei bzw. in den Pessimismus führen könne. Deswegen benötige es als Korrektiv das Wollen und das Hoffen, denn dieses halte im Optimismus.

Da im Selbstverständnis des großen Denkers auch der mystische Weltzugang und die mystische Lebenspraxis als unverzichtbar galten, stellt sich die Frage, wie er beides, Mystik und das im Denken begründete Erkennen zusammbrachte. Schließlich sind beide für die meisten mystischen Traditionen in der Geschichte und Gegenwart von Spiritualität wie Feuer und Wasser. Schweitzer übt hier eine fundamentale Kritik an solchen Traditionen. Für ihn ist Mystik ihrem Wesen nach elementares Denken. Denn es zeichne sie aus, dass sie in großer Unmittelbarkeit danach strebe, den Menschen in ein geistiges Verhältnis zur Welt zu rücken. Doch sie verzweifle daran, dies durch logisches Denken zu erreichen, und reduziere sich auf Intuition und Phantasie. So allerdings gelange sie zu keiner Wahrheit, wenn man das logische Denken dem Wahrheitsbegriff als notwendig zu eigen betrachte. In der unvermeidbaren Folge führe sie den Menschen zwar zur Innerlichkeit, aber nicht zu einer in Denknotwendigkeit begründeten Ethik. Ihr ethischer Gehalt bleibt entsprechend zu gering. (vgl. Schweitzer 2015, S. 196) „Die Wahrheit einer Weltanschauung hat sich darin zu erweisen, daß das geistige Verhältnis zum Sein und zur Welt, in das wir durch sie kommen, innerliche Menschen mit tätiger Ethik aus uns macht.“ (ebenda)

Damit ist klargestellt, dass es sich bei der „Ehrfurcht vor dem Leben“ um eine Form ethischer Mystik handelt. Sie entsteht im logischen Denken. Durch ethische Tat, die sich mit Liebe verbündet, führt sie in das Einswerden mit dem Unendlichen. Darin liegt ihr religiöser Charakter. „Der Mensch, der sich zu ihr bekennt und sie betätigt, ist in elementarer Weise fromm.“ (Schweitzer 2013, S. 159)

Der Blick auf die Verwobenheit von Denken, Ethos und Mystik findet seine Begründung in der inneren Verwobenheit der drei in Albert Schweitzers Leben selbst. Wir können uns den Theologen, evangelischen Pfarrer, Philosophen und lebensdienlich handelnden Menschen in einem kontinuierlichen inneren Dialog vorstellen. In dessen Zentrum steht der Primat des Lebens. Verschiedene Stimmen bringen differierende und differenzierende Argumente hervor. Wie Planeten umkreisen sie die Sonne und nehmen sie jeweils anders wahr. Doch trotz unterschiedlichster Perspektiven bleibt sie die Sonne. Eine Blickweise auszuschließen oder in ihrer Darstellung dessen, was sie sieht, zu mindern, nähme der Erkenntnis über das Wesen der Sonne ein Wesentliches.

Harald Steffahn, dem wir eine tiefgehende Biographie Schweitzers verdanken, die mit eigenem Erleben und in die Zukunft weisenden Deutungen angereichert ist, schreibt über den in eins gehenden inneren Dreiklang: „Er war in

Theologie und Philosophie grundsätzlich kein anderer, sondern war genuiner Ethiker. Der ethischen Grundlage versuchte er sowohl mit religiöser Denkwahrheit, wie mit philosophischer Vernunftwahrheit Ausdruck zu geben. Denn er war darüber hinaus Systematiker, der den persönlich verstandenen Ruf ins Allgemeingültige zu erweitern suchte." (Steffahn 1974, S. 60)

Dass Schweitzer keine feste Grenzen zwischen Philosophie und Religion akzeptierte, fand in den jeweiligen Disziplinen bzw. deren nahmhaftesten Vertretern wenig Anerkennung. Zu sehr pochten sie auf die Alleinstellungsmerkmale ihrer Weltzugänge. Bis heute getrauen sie sich nicht einzugestehen, dass es beiden doch im Letzen darum geht, dass der Mensch in ein geistiges Verhältnis zu sich selbst und der Welt kommt. „In der Religion mit einem in der Naivität und in Gebundenheit an Traditionen verbleibenden Denken, in der Philosophie in einem, das sich erkühnt, sachlich bleiben zu wollen. Und beide können sagen, das Ethische als das Innerlichste und Tiefste ansehen zu müssen." (Briefwechsel, S. 257f.)

Schweitzers Konsequenz in dieser Frage machte auch vor den Säulenheiligen des philosophischen Pantheons nicht halt. In einem Brief an den Schweizer Theologen Fritz Buri (1907-1995): „Darum kann ich Descartes nicht ausstehen. Er ist in Ethik nicht interessiert und tut damit noch groß." (Weber 2013, S. 81)

Nachfolge

Das Prinzip der Ehrfurcht vor dem Leben braucht zu seiner Begründung zwar keinen transzendenten Bezugspunkt. Doch es schließt die Ehrfurcht vor dem Urgrund des Seins, das wir Gott nennen, selbstredend mit ein. Für Schweitzer war das die Ergriffenheit von dem unendlichen und unergründlichen kosmischen Willen, der alles vorantreibt. Es handelt sich hierbei um Frömmigkeit in ihrer elementarsten Fassung. Sie gründet nicht in Erklärungen des rationalen Geistes. Sie kommt aus innerster Notwendigkeit; sie drängt und fragt nicht nach dem Ende. (vgl. Schweitzer 2007, S. 282) Diese Frömmigkeit versucht, Natürliches und Sittliches zu verbinden, den Gott der Naturkraft mit dem Gott der Liebe und des Mitleidens in eins zu bringen. Die Antwort auf dieses Ansinnen, das so schmerzhaft unter der Selbstentzweiung des Seins leidet, liegt für Schweitzer in Jesus von Nazareth. Die Ethik der Ehrfurcht vor dem Leben steht für ihn sozusagen in der direkten Nachfolge der Ethik Jesu. Diese verstand er nicht nur als eine Ethik der unbedingten Liebe und Hingabe, sondern als eine Ethik *tätiger* Liebe und *bedingungsloser* Hingabe. Aus diesem Vorbild leitet der Theologe und Leben-Jesu-Forscher seinen allgemeinen und durchaus säkularen Grundsatz ab. „Die Ethik der Ehrfurcht vor dem Leben ist die ins Universelle erweiterte Ethik der Liebe. Sie ist die als denknotwendig erkannte Ethik Jesu." (Schweitzer 2006, S. 25)

Das im Matthäus Evangelium (25,40) stehende Herrenwort: „Was ihr getan habt einem dieser Geringsten, das habt ihr mir getan" – Albert Schweitzer erweitert den Geltungsbereich auf das Leben an sich und damit eben auch auf die geringste Kreatur. (vgl. ebenda, S. 69) So holt er zugleich die Kraft der authentischen Jesusgestalt in das gegenwärtige Sein und lässt sie sich hier neu, aber in gewohnter Radikalität entfalten.

Grenzenlos erweiterte Verantwortung

Dem neben der Vernunft zugleich mystischen Weltzugang, wie er in Albert Schweitzer lebte, ist das Staunen ob des Wunders und zugleich der Rätselhaftigkeit von Schöpfung und Universum eingegeben. Da unterschied er sich nicht von dem großen, befreundeten Geist Albert Einstein (1879-1955), dessen folgende Aussage er sicher mit größter Zustimmung geteilt hätte:

> „Die wunderbarste und tiefste Erregung, die wir erfahren können, ist die Empfindung des Mystischen...Wem diese Erregung fremd ist, wer nicht mehr staunen und in Ehrfurcht versunken stehen kann, ist so gut wie tot... Die kosmische religiöse Erfahrung ist der stärkste und edelste Ursprung wissenschaftlicher Forschung." (zit.n. Eurich 2000, S. 172)

Ehrfurcht stellt sich in dieser inneren Haltung nicht nur als ein erhabenes Gefühl dar. Es ist vielmehr eine ganz eigene Erkenntnisweise! Ohne sie lassen sich Wesen und

Sinn des Kosmos nicht erspüren. Ich sage an dieser Stelle bewusst *erspüren*, denn es geht um eine andere Erkenntnis als jene, die im rationalen Verstehen der Dinge verbleibt. (vgl. Schweitzer 2007, S. 282)

Mit Ehrfurcht begegnen wir somit auch der Paradoxie, auf die sich unsere Erkenntnisversuche von Welt und Universum geworfen sehen. Und mit Ehrfurcht allein können wir einen Schöpferwillen akzeptieren, der sich uns einmal voll dunkler und schmerzlicher Rätsel offenbart und ein anderes Mal als Wille der Liebe. (vgl. Schweitzer 2013, S. 159) Hätten wir diese Ehrfurcht gegenüber dem geheimnisvollen Lebenswillen, der alles durchzieht, nicht, wie sollten wir ihm treu bleiben und eins mit ihm werden? Diesem Willen zu folgen aber ist die Voraussetzung dafür, uns auf einem Weg zu halten, der nicht in Pessimismus und Erschöpfung endet. Vielmehr führt er in eine Selbstbewahrung, die sich dem Ganzen verpflichtet sieht. Dem Willen des Lebens folgen, selbst wenn wir ihn nicht in Gänze verstehen…, auch in diesem Gedanken zeigt sich die Nachfolge Albert Schweitzers, was die Seinsanforderung betrifft, die Jesus aufstellt.

Gerade aufgrund jener grundsätzlichen Fragen, die sich dem menschlichen Wissen nicht bzw. nicht hinreichend erschließen, werden Wahrheit und persönliche Wahrhaftigkeit zum Wesentlichen unseres weiteren Umgangs mit dem Leben in dieser Welt. Schweitzer, der sich immer des bedrohlichen Zustandes bewusst war, in dem sich Mensch und Erde befinden, hielt dabei einen Glauben aufrecht, den er sich seit Kindertagen bewahrt hatte: den an die Wahrheit. Es gab für ihn nur ein Schicksal der Menschen, nämlich das, was sie sich in Verbindung mit ihrer Gesinnung selbst bereiten. Und die rechte Gesinnung bedarf der bedingungslosen Suche nach Wahrheit. Denn allein die Wahrheit trotzt der ansonsten herrschenden Macht der Verhältnisse. Selbstredend war deshalb auch die Ehrfurcht vor der Wahrheit über alles zu stellen. (vgl. Schüz 2016, S. 18) Schweitzer selber hielt es damit, was er als Wahrheit empfand, auch in den Raum der Erörterung zu stellen. Stelle sich dann etwas als unangemessen heraus, so werde es dahinwelken. Das andere aber werde weiter grünen, ohne dass ihm Kritik etwas anhaben könne. (vgl. Briefwechsel, S. 257)

Es gehört zur Wahrheit, gerade auch den Dingen ins Auge zu sehen, denen wir am liebsten ausweichen wollen. Das betrifft an vorderster Stelle unsere Einsicht in die Schuld, die wir fort und fort dem Leben gegenüber aufhäufen. Diese Schuld gilt es in außerordentlicher persönlicher Wahrhaftigkeit, in der wir nichts zu verdrängen suchen, zu verstehen. Nur das beugt einem scheinbar guten Gewissen vor, zu dem Schweitzer unmissverständlich anmerkte, dass es „eine Erfindung des Teufels“ sei. (Schweitzer 2013, S. 40) Und so gehört zur Tugend der Wahrhaftigkeit, die um Wahrheit suchend ringt, die Bewahrung einer inneren Unruhe, die uns nie zufriedenstellt bezüglich des Zustands der Welt. Und es gehört zur ihr im selben Atemzuge die fortwährende Prüfung des Gewissens, um nicht Selbsttäuschungen zu erliegen.

An dieser Stelle gebietet sich die Frage nach dem Verständnis von Wahrheit. Sicher, so müssen wir wohl eingestehen, mag es eine absolute Wahrheit geben, aber sie ist vom Menschen nie vollständig zu erfassen. Wir können nur versuchen, uns dieser äußeren Wahrheit in unbedingter Wahrhaftigkeit zu nähern, also um sie zu ringen. Das erfordert die jederzeitige Bereitschaft zur Korrektur, denn das Wissen des Menschen ist relativ, und es schreitet im Entwicklungsprozess der Kultur unaufhaltsam fort. Nicht selten betrifft das auch zunächst als sogenannte Tatsachen erklärte Sachverhalte. Um so wichtiger wird deshalb die *innere* Wahrheit, um die es Schweitzer vor allem geht: die Wahrheit der Ideen, des Geistes, der Gesinnung. Diese Wahrheit, die wir besser als Wahrhaftigkeit bezeichnen, bedarf des Gewissens in Verbindung mit wahrgenommener Verantwortung. Handeln wir aus der Verbindung beider, dann sind wir, so Schweitzer, im Recht. (vgl. Schweitzer 2006, S. 67)

Ziehen wir ein Zwischenresumee:

Die Ethik der Ehrfurcht vor dem Leben stellt einen Quantensprung in der geistigen Entwicklung der Menschheit dar. Sie erhebt ihren Absolutheitsanspruch dadurch, dass sie sich nicht länger nur auf den Menschen beschränkt, sondern Universalität zum Ausdruck bringt. Der Anthropozentrismus der bisherigen Ethiken wird durch die Bezugnahme auf alle Erscheinungen des Lebens überwunden.

Eine ins Grenzenlose ausgedehnte Liebe und eine überpersönliche Verantwortung wenden sich dem Leben an sich in neuer Verbundenheit zu. Beide nehmen dieses Leben rückhaltlos an und bejahen es. Es beginnt damit jener Entwicklungsschritt, der uns zu dem grandiosen Erkennen führt, dass sich in allem die eine Wirklichkeit „wie die Sonne in den Splittern eines zerbrochenen Spiegels" enthüllt. (Vgl. Teilhard 1962, S. 128)

Rückhaltlose Bejahung und eine qualitativ neue Toleranz dem anderen Leben gegenüber verbinden sich also mit tiefer Ehrfurcht vor dem Lebensprozess an sich. Sie zeigt sich in der Bereitschaft, das täglich neue Wunder des Entstehens, Werdens und Vergehens in Erkenntnis zu begleiten und ihm in Hingabe zu dienen. Sittliche Vollendung darf nicht vor der Tür des nichtmenschlichen Lebens enden. Humanitätspflicht ist auf alle Geschöpfe erweitert. Werte sind fortan nur noch Werte, insofern sie der Förderung und Erhaltung des Lebens dienen. Geistige Macht des Menschen entsteht durch humanitäre Entscheidungen in jedem einzelnen Falle und nicht durch kalte Prinzipien. (vgl. Schweitzer 2013, S. 44)

Die Ethik der Ehrfurcht vor dem Leben respektiert keine falsche Sachlichkeit, die dem Leiden von Leben ausweicht. Sie mischt sich vielmehr in alles ein und redet hinein, stellt Unrechtsbewusstsein her, wo dies notwendig ist.

Es ist schließlich dieser universale Anspruch in Verbindung mit einer entsprechenden Lebenspraxis, der uns in ein neues und unserem Vermögen gerecht werdendes geistiges Verhältnis zum Universum rückt.

„Das gute Beispiel ist nicht eine Möglichkeit,
andere Menschen zu beeinflussen,
es ist die einzige.“

IV

Was wir lernen können – Die Bedeutung der „Ehrfurcht vor dem Leben" für die Gegenwart

Mit deutlichen und teils drastischen Worten fiel Albert Schweitzers Zeit- und Zukunftsansage bereits im ersten Drittel des vergangenen Jahrhunderts aus. Zweifellos ist es immer ein Problem, Aussagen aus ihrem historischen Kontext herauszuholen und sich ihrer für das Verständnis des Gegenwärtigen und die Erwartungen hinsichtlich des Zukünftigen zu bedienen. Dies mag noch besonders für den Zeitraum zwischen 1914 und 1933 gelten, in denen die beiden kulturkritischen Hauptwerke „Wir Epigonen" (1914-1918) und „Kulturphilosophie" (1923) abgefasst wurden. Es betrifft aber auch andere Werke, wie „Die Ehrfurcht vor dem Leben", die Schlüsseltexte aus den Jahren 1919 bis 1963 vereinigen.

Doch es zeichnet eben Schweitzers Überlegungen aus, dass sie, in einem speziellen historischen Kontext geboren, eine epochenübergreifende Bedeutung für das menschliche Sein erlangten. So beziehen sich die kulturkritischen Beobachtungen und Analysen des großen Philosophen, Theologen und Humanisten auf deutlich mehr als nur ein gesellschaftliches Blitzlicht seiner Zeit. Vielmehr benennen sie Wesenserscheinungen und Konstanten des modernen Menschen, der fast seine gesamte Potentialität dem technischen Fortschritt und materialistischen Heilslehren geopfert hat, mit absehbaren desaströsen Konsequenzen, die weit über die momentane Weltzeitstunde hinausreichen. Demgemäß ist dann aber auch das Gegengift, das Albert Schweitzer mit der Lebensethik entwickelt und präsentiert. Für die Gegenwart, zu der wir sagen können, dass die Menschheit nicht nur am Abgrund steht, sondern der bröckelnde Abgrund sie gleichsam vor sich hertreibt, liegt in ihr das wohl einzige Heilmittel, das uns in eine Zukunft führt, die diesen Namen noch verdient.

Was Schweitzer über die Zukunft dachte

„Auf einem der kleineren unter den Millionen von Gestirnen leben seit einer kurzen Spanne Zeit Menschenwesen. Auf wie lange? Irgendeine Herabsetzung oder Steigerung der Temperatur der Erde, eine Achsenschwankung des Gestirns, eine Hebung des Meeresspiegels oder eine Änderung in der Zusammensetzung der Atmosphäre kann ihrem Dasein ein Ende setzen.“ (Schweitzer 2007, S. 272f.)

Diese Sätze, die mitten in die gegenwärtige Klimadiskussion gesprochen sein könnten, erschienen erstmals 1923 im Rahmen der „Kulturphilosophie“. Schweitzer war Realist genug, bei allem Wunderbaren, das dem Leben und insbesondere dem menschlichen Leben eigen ist, doch dessen Vergänglichkeit nicht zu verdrängen. Wir sind nicht nur als Personen, sondern als Gattung insgesamt, Vorübergehende. Und dies gilt es sowohl zu erkennen, als auch mit Würde zu ertragen. Nur eine ethische Weltanschauung, die dazu in der Lage ist, verfügt über Festigkeit. (vgl. Schweitzer 1999/2000, S. 312) Ist doch die Erde weitaus mehr als Mensch und Menschheit.

Auch dass es nicht unbedingt einer kosmischen Katastrophe bedarf, um unser Sein auf diesem Planeten zu beenden, ahnte Schweitzer, sah er doch entsprechende Prozesse der Selbstzerstörung bereits zu seiner Zeit im Gange. So musste er konstatieren, dass der Mensch die Fähigkeit verloren hat, vorauszublicken und sich entsprechend zu sorgen und vorzusorgen. Und so würden wir am Ende die Erde und damit uns selbst zerstören.

Um es im Geiste Albert Schweitzers klar zu formulieren: Wenn wir anfangen wollen, der Gnade, Mensch sein zu dürfen, endlich gerecht zu werden, wird es höchste Zeit, mit dem ernsthaften Denken zu beginnen. Dem Strom des Lebens in Tiefe verbundenes Denken und Reflektieren geht in Verbindung mit einer konsequenten Sittlichkeit jenem voraus, wessen der neue Mensch bedarf. Und zu nicht weniger als solchem werden wir uns aufschwingen müssen. Sonst neigt sich das Projekt Menschheit schneller dem Finale zu, als größte Apokalyptiker es befürchten.

Die ethischen Kinderschuhe zu verlassen und der Möglichkeit bedingungslos zu vertrauen, dass wir in der Lage sind, uns ethisch zu vollenden – das braucht den Stern der *Ehrfurcht vor dem Leben*. Wenn wir ihm folgen und beginnen, die damit verbundenen ethischen Ansprüche zu verwirklichen, werden wir auch als Völker und Kulturen untereinander so vertrauenswürdig, wie es unverzichtbar ist für die überlebensnotwendige Kooperation. Und Zukunft wird es nur geben mit hingebungsvoller Kooperation. Der Geist des rücksichtslosen Egoismus, der sich auch auf das Verhältnis zwischen den Staaten und Kulturen ausgeweitet hat, sollte als selbstmörderisch hinreichend erkannt sein. Dies gilt auch für jene Formen von Wettbewerb, die nur mit höchster Effizienz zu bestehen waren und die sprichwörtlich über Leichen gingen, um ihre vorgegebenen Zahlenwerte zu erreichen. Trotz allem manchmal bitter schmeckenden Realismus sah Albert Schweitzer die Möglichkeiten für diesen Weg im Menschen grundsätzlich gegeben: durch die Fähigkeit zu Mitleid, Liebe und dem notwendigen Enthusiasmus. (vgl. Schweitzer 2013, S. 38)

Konvivialität

Noch weitaus größer als die Renaissance, mit der wir das Mittelalter hinter uns ließen, muss der Schritt in eine dem Netzwerk des Lebens zugewandte Menschheitsepoche sein. Albert Schweitzer sah sich als „schlichten Wegbereiter“ für dieses neue Zeitalter. (Schweitzer 2007, S. 87f.) Anspruch und Erfordernis hierfür sind gewaltig. Denn die so in sich selbst verliebte Menschheit wird als Erstes lernen müssen, sich einzuordnen. Mit einem Mittelgebirge verglich der Lebensethiker die Idee des Menschentums, hinter dem sich das Hochgebirge der Zusammengehörigkeit aller Wesen erhebe. (vgl. Schweitzer 1999/2000, S. 218)

Wir selbst, als Menschen, sind nur in unserer abhängigen Verbundenheit mit allem Sein überhaupt zu verstehen und zu erklären. Bevor wir diese auf Wechselseitigkeit beruhende und damit immer auch dienende Rolle des Menschseins nicht erkannt haben, sie uns nicht berührt und nicht vom Herzen her erfüllt, werden alle anderen Strategien scheitern, einen für Menschen und endlos viele andere Lebewesen weiterhin verträglichen Planeten zu halten. Das macht deutlich, welcher Aufstieg vor uns liegt.

Es können keine Grenzen mehr akzeptiert werden, an denen zwischen wert oder unwert, nieder oder höher unterschieden wird. Zu viel haben wir lernen müssen, wie sehr solche Maßstäbe allein der Absolutsetzung eines menschlichen Bewusstseins entspringen, das sich selbst in äußerst engen Bahnen bewegt. Es lebt in Ichheiten, die uns auf jeder Ebene begegnen – vom Egoismus bis zum Anthropozentrismus.

Nichts im Lebensprozess des Kosmos ist ohne Sinn, und nichts ist ohne Zusammenhang mit ausnahmslos allem anderen. Das zu erkennen, schafft die Basis für ein Verständnis von Leben, in dem dieses seinen Wert aus der bloßen Existenz bezieht. Mein Recht zu leben ergibt sich nun immer aus dem Recht eines jeglichen Lebens. Meine Einmaligkeit verstehe ich in der Einmaligkeit eines jeglichen Seins und dem Wert an sich, der in jedem Leben steckt. Ich schütze anderes Leben damit nun nicht mehr nur um meines eigenen Vorteils oder meines eigenen guten Gefühls willen, sondern um seiner selbst. Und ich bin bereit, dafür meine Lebensgewohnheiten grundlegend zu ändern. So werde ich dem universalen Willen zum Leben im Rahmen meiner Möglichkeiten gerecht und bleibe ihm treu.

Dieses Zukunftsbild wird somit davon getragen, gut zu sein und Gutheit auszustrahlen. Starke Werte und eine positive Kraft bilden seine Grundierung. Nichts soll Orientierung geben und lenken, was der tätigen Liebe zum Leben widerspricht. Das erfordert hohe Aufrichtigkeit und Authentizität. Und es wendet sich gegen die so weit verbreitete Ironie und den epidemisch um sich greifenden Zynismus. Schließlich erfordert es klare Entscheidungen im Alltag, die sich im Zweifel über jegliche Umstände hinwegsetzen. In außergewöhnlichen und das Leben bedrohenden historischen Situationen ist es unvermeidbar, die aufgebauten Spannungen und den folgenden Handlungsdruck nicht den Beharrungskräften und den hinter ihnen stehenden Interessen zu überlassen.

Die Herausforderungen einer das Leben heiligenden Lebensweise unserer Gattung sind in allen Bereichen außerordentlich: kulturell, finanziell und insbesondere auch technologisch. Die Menschheit braucht nicht nur technische Entwicklungen um ihrer eigenen Entwicklung willen. Für eine humane und mit der Erde versöhnte Zukunft benötigt sie sogar noch mehr Erfindergeist und eine noch höhere Entwicklungsgeschwindigkeit als bisher. Ohne neue, sanfte und saubere Technologien in großem Maßstab wird es nahezu unmöglich sein, der herrschenden Krisen in allen Bereichen auch nur in Ansätzen Herr zu werden. Dabei werden wir lernen müssen, Technik neu zu sehen, zu verstehen, ja zu empfinden. Und das setzt voraus, all jene Errungenschaften beiseitezulegen, die sich als lebensfeindlich erwiesen haben. Dabei geht es nicht nur um die technischen und ökonomischen Strukturen, sondern auch um die Haltung des blinden Konsums ihrer Produkte, die in nahezu jedem von uns lebt.

Ein Ethos, das die technische Entwicklung an ihre Konvivialität, also Lebensfreundlichkeit bindet, wird wesenhaft davon bestimmt sein, vorausschauend und alle Folgen mit bedenkend zu wirken. Schaden soll also nicht repariert werden müssen, sondern er soll durch Vorausschau verhindert werden. Nutzen will nicht erst nach der Erfindung gesucht und geschaffen, sondern bereits in die Entwicklung hineingedacht werden. Und es soll ein Nutzen sein, der dem Wohl der Erde und ihrer wunderbaren Vielfalt genauso dient wie dem integralen Wachstum der Menschheit.

Am Anfang dieses Prozesses steht die Frage, was wir eingedenk der großen Menschheitsziele und der Lebensnotwendigkeiten überhaupt noch können sollen. Nehmen wir diese Frage ernst, dann sind voreilige technologische Eingriffe in Zusammenhänge des Lebens so lange tabuisiert, wie sie nicht in ihren Konsequenzen verstanden wurden. Der ungestüm, „optimistisch" und hinsichtlich der Folgen oft so blind und lebensverachtend vorandrängende Erfindergeist sieht sich damit zu einer Haltung der Skepsis und des Zweifels, der Umsicht und Rücksicht und einer positiven, intuitiven Vorsicht ermahnt.

Es geht also um eine *Präventivethik* im Sinne Schweitzers. Sie lässt Platz für das noch immer Unbegreifliche der Schöpfung und für das Staunen ob ihrer Erhabenheit. Zwangsläufig mündet sie in eine Ethik der kollektiven und personalen Begrenzung. Sich mit dem bescheiden, was überschaubar, verstehbar und beherrschbar ist, steht im Vordergrund; sich auf das begrenzen, was in die ökologischen und die sozialen Systeme nicht zerstörend, sondern stützend eingreift; sich also auf das ausrichten, was dem Leben dient, was wir gestalten können, ohne anderes zu belasten.

All dies benötigt Zeit, um es denkend zu verstehen, zu entwickeln und vertraut damit zu werden. Und so sollten die dafür erforderlichen Zeit- und Kreativräume heute einerseits an die Geschwindigkeit sozialer Entwicklungen sowie der gesellschaftlichen Lernfähigkeit angepasst sein. Zugleich gilt es jedoch zu verstehen, dass die Zeit, die eigentlich notwendig wäre, zu einem großen Teil bereits abgelaufen ist. Wir haben sie schlicht und einfach konsumierend vertrödelt. Das steigert den Handlungsdruck immens.

Im Letzten werden wir mit der Herausforderung konfrontiert sein, Technikentwicklung, Konsumgüterproduktion und auch das Wirtschaften selbst neu erfinden zu müssen – aus einer kompetitiven in eine kooperative Kultur. In ihrem neuen Verständnis wird Kooperation dann keinen Lebensprozess mehr ausschließen oder missachten. Und all das benötigen wir möglichst jetzt, nicht morgen…

Alte Ethik neu gedacht

Die Lebensethik zu würdigen und vor alles andere zu stellen, sollte keinesfalls bedeuten, jegliche ethischen Konzepte aus Geschichte und Gegenwart zu verwerfen und gering zu schätzen. Im Gegenteil. Im Licht der *Ehrfurcht vor dem Leben* können sie zu neuem Glanz geführt werden.

Ich möchte im Folgenden einige Ansätze herausgreifen, die mir wert scheinen, entsprechend neu durchdacht bzw. ergänzt zu werden. Das erscheint mir auch schon allein aufgrund der Tatsache unproblematisch, als es sich bei der Lebensethik um eine Meta-Ethik handelt. Das heißt, sie bildet den Rahmen, innerhalb dessen sich *alles* mit seinen spezifischen Fragen und Aspekten einordnen kann. Ohne den Beleg dafür präsentieren zu können, bin ich mir zudem sicher, dass Albert Schweitzer dem sein zustimmendes Nicken nicht versagt hätte.

Wann aber sprechen wir eigentlich von Ethik?

Es handelt sich dabei um überzeitliche und interkulturell gültige Normen und Wertvorstellungen. Anders als die Moral unterliegen sie nicht der Beliebigkeit politischer oder ökonomischer Verhältnisse. Das Ethos appelliert an die Grundfreiheit des Menschen und seine ihm an sich mitgegebene Größe und Potentialität. Sie will das Edle im Menschen erwecken, ansprechen und verfeinern. Und sie möchte uns erinnern, dass wir immer im Kontext eines Größeren stehen, das uns übersteigt: die Gemeinschaft, die Kultur, der geistige und göttliche Raum.

Dazu ist in der Geschichte der Menschheit bereits viel gesagt und geschrieben worden. In den großen Weltreligionen zeigt sich im Ethos das Wesen des werdenden Menschen – und zwar in interkultureller Weite. Und in der Philosophie des sogenannten Abendlandes stoßen wir auf außerordentliche Ausformulierungen, die es überflüssig machen, in diesem Felde irgendetwas neu zu erdenken. Es sei eben denn der fehlende Bezug zum Leben an sich, der über das menschliche Bedürfnis- und Orientierungsfeld weit hinausweist.

Schauen wir uns einige Anleihen an, die eine hinreichende Ausgangstiefe für eine konviviale Erweiterung aufweisen.

Thomas von Aquin (1225-1274) formulierte in Anlehnung an Aristoteles (384-324 v.Chr.) vier Kardinaltugenden: Klugheit, Gerechtigkeit, Tapferkeit, Maß.

Klugheit verstand Thomas als wirklichkeitsgemäßes Denken und Handeln. Sie orientiert auf die Wege des Guten hin, gibt der lebensorientierten Vernunft die rechte Ordnung, den praktischen Bezug und damit den Adel, angemessen zu sein. So steht sie wegweisend über den anderen Tugenden. Wir können diese Kunst heute als die Anerkennung des bewussten geistigen Wachstums des Menschen verstehen sowie den darauf gegründeten konvivialen, also den Bedürfnissen des gesamten Lebens zugewandten Entwicklungsschub. Die Klugheit ist so die lebenspraktische Spiegelung der überzeitlichen Weisheit. Im Rahmen der Ethik Albert Schweitzers verstehen wir sie als die praktizierte Denknotwendigkeit, die aller ethischen Orientierung vorausgeht.

Gerechtigkeit nach Thomas meint, jedem sein Recht zuzuerkennen. Gerechtigkeit ordnet die Beziehungen zwischen den Menschen, und zwar sowohl auf der persönlichen als auch auf der sozialen, gesellschaftlichen, gemeinschaftsorientierten Ebene. Die Gemeinwohlorientierung steht dabei im Fokus. Gerechtigkeit hat zwei Richtungen: einmal zwischen den Individuen (iustitia legalis) und zum anderen von dem Sozialwesen auf die einzelnen Mitglieder zu (iustitia distributiva). Das aus ihr erstehende Handeln kann sich heute allerdings nicht mehr auf den Menschen und seine Systeme allein begrenzen. Vielmehr bezieht sie sich, vom Geist umfassender Verbundenheit herkommend, auf das Leben in all seinen Äußerungsformen und Bedürfnissen. Sie kümmert sich um dessen Schutz, dessen Pflege und dessen Ermöglichung.

Tapferkeit wird als die Bereitschaft verstanden, im Kampf für die Verwirklichung des Guten auch Verletzungen, im Zweifelsfalle bis zum Tode, hinzunehmen. Tapferkeit also setzt die Bereitschaft zur Verwundbarkeit voraus. Was die Klugheit als gut erkannt und in der Gerechtigkeit seine lebensorientierte Gestalt findet, wird erst durch die Tapferkeit gegen Widerstände und Hemmnisse ermöglicht. Das heißt aber auch, dass Klugheit und Gerechtigkeit der Tapferkeit vorausgehen bzw. sie begründen.

Authentizität, Wahrhaftigkeit, Selbstachtung und eine Entscheidungsklarheit, die aus der Vernunft und dem

Herzen kommt und vor persönlichen Folgen nicht zurückschreckt, wäre hier eine zeitgemäße Umschreibung. Vor allem aber macht Tapferkeit vor dem Einsatz auch für das nichtmenschliche Leben nicht länger halt. Ja, sie versteht sich in der Gegenwart sogar als dessen hingebungsvoll kämpfender Anwalt.

Maß meint Mäßigung im Gesamtverhalten der Person. Sie hat eine uneigennützige Selbstbewahrung zum Ziel. Bescheidenheit, Genügsamkeit, Lebensorientierung und Überschaubarkeit sind hier die aktuellen Attribute. Hinzu tritt die heute unausweichlich notwendig gewordene Fähigkeit, Grenzen zu erkennen und zu respektieren – Grenzen des Wachstums, des Möglichen und Machbaren, Grenzen meiner selbst! Und darüber hinausgehend – die Respektierung der Grenzen und Schutzräume anderen Lebens.

Der Königsberger Philosoph *Immanuel Kant* (1724–1804) führte ein auf dem Vernunftideal beruhendes Ethos zu seinem philosophiegeschichtlichen Höhepunkt. Zwar verbleibt Kant ganz in einer anthropozentrischen Sicht- und Wahrnehmungsweise, denkt er doch alles auf den Menschen hin. Doch hinter seine im *Kategorischen Imperativ* aufgestellte Forderung, dass wir immer nur nach solchen Grundsätzen handeln sollten, von denen wir wollen, dass sie zugleich ein allgemeines Gesetz sein könnten, gibt es kein Zurück. In ihr kommt zum Ausdruck, dass wir uns des Prinzipiellen und Grundsätzlichen bewusst sein müssen, das mit *jedem* Handeln verbunden ist. Es geht darum, vom Ganzen her zu denken und zu handeln und nicht nur von momenthaften Sonderinteressen. So gesehen kann der

Kategorische Imperativ auch als Grundgesetz der Achtsamkeit gesehen werden. Es ist allerdings auch hier erforderlich, die Zielrichtung dieses Imperativs und damit die Intentionen, von denen der handelnde Mensch ausgeht, auf das Leben an sich auszudehnen. Dies erscheint als theoretische Forderung unproblematisch, und der kategorische Imperativ lässt sich problem- und bruchlos in das lebensethische Konzept Schweitzers integrieren. In der daraus folgenden Lebenspraxis jedoch landen wir dann bei Alltagsanforderungen, die kaum mehr zu steigern sind. Aber eben genau in dieser Radikalität müssen wir Schweitzer verstehen. Und so können wir heute formulieren:

> Handle immer so, dass alles, was du tust,
> zugleich dem Schutz, der Bewahrung und der
> Ermöglichung des Lebens, das dir begegnet, und
> des Lebensnetzes insgesamt, dient.

Hans Jonas (1903-1993) dachte dies bereits in seinem großen moralphilosophischen Werk „Das Prinzip Verantwortung" (1979). Dort mahnte er, immer so zu agieren, dass die Wirkungen unserer Handlungen der Permanenz echten menschlichen Lebens auf Erden dienen. Er brachte damit indirekt die Schutzrechte mit ins Spiel, die wir auch dem anderen Leben auf diesem Planeten, den Tieren und Pflanzen, zugestehen bzw. entgegenbringen müssen – auch um unseres eigenen Wohles willen. Er führte dazu einen Vorsichtsfaktor für das menschliche Handeln ein und gab ihm den Namen *Heuristik der Furcht*. Sie besagt, *dass wir, bevor wir unwiderrufliche Entscheidungen und Handlun-*

gen vornehmen, uns mit den schlimmstmöglichen Folgen des Tuns auseinandersetzen sollten.

So beeindruckend und epochal solche ethischen Entwürfe waren und in gewisser Weise noch sind, so sehr steckt der Mensch in Beharrung und Gewöhnung. In der damit verbundenen Trägheit drohen seine schönen Möglichkeiten zu verkümmern. Er liegt praktisch mit sich selbst in Entzweiung. Dem stellt sich das existentialistische Denken entgegen. In seinem dringenden Appell mahnt es unsere Selbstbestimmung und Eigenverantwortlichkeit an.

Zu den Gründungsvätern der Existenzphilosophie zählt *Friedrich Nietzsche* (1844–1900), dessen Weltanschauung in dem jungen Albert Schweitzer einen tiefen Eindruck hinterlassen hat. Das wahre Wesen des Menschen macht es nach Nietzsche aus, frei und selbstbestimmt zu dem zu reifen, was an Potentialen in ihm ruht. Dabei übernimmt er die volle Verantwortung für sein Leben.

> „Was aus Liebe getan wird,
> geschieht immer jenseits von Gut und Böse."
> (Nietzsche 1990, S. 617)

Dieser Satz klingt zutiefst jesuanisch und befindet sich sinngleich auch bei *Aurelio Augustinus* (354-430) mit dem:

> „Liebe, und dann tu, was du willst."

Nietzsche appelliert in dieser Haltung an die höchsten Ethos-Kräfte des Menschen und ihre Freisetzung. Wir haben es mit dem grandiosen Entwurf einer Freiheit zu tun, die auch als Voraussetzung für eine tiefe Spiritualität gesehen werden kann. In ihr schwingt etwas von dem göttlichen Kern des menschlichen Wesens mit, das sich hier auf Erden im *Übermenschen* entfalten soll. In jener so oft entstellten und fehlinterpretierten Denkgestalt ist der Mensch zu seinem wahren Selbst vorgedrungen. Auch Nietzsche verbleibt zwar noch ganz im anthropozentrischen Korsett. Doch in seinem Verständnis von Liebe, die, wie gesagt, weit jenseits von Gut und Böse liegt und lebt, ruht bereits jene Grenzenlosigkeit, die, zu Ende gedacht und zu Ende empfunden, kein Leben mehr ausschließen kann. Er konnte den Schritt zur Vollendung seiner Ethik nicht mehr gehen, sonst wäre er Albert Schweitzers Lebensethik ganz wunderbar begegnet – im geforderten Akt der Befreiung allen Seins, hin zu seinen ureigensten Möglichkeiten und Bedürfnissen.

Der Selbstentwurf, dem der Mensch verpflichtet ist, charakterisiert auch die Werke von *Albert Camus* (1913-1960). Jeder von uns kann sich in ihnen gelegentlich wiederfinden. Vor allem trifft dies für *Sisyphos*, den Helden des Absurden, zu. (vgl. Camus 1998/1956, S. 124-128) Von den Göttern dazu verurteilt, unablässig einen gewaltigen Stein einen Berg hinaufzuschieben, nur um ihn dann wieder nach unten rollen zu sehen, nimmt er in Größe und Gelassenheit sein Schicksal an. Er jammert nicht, sondern erkennt darin seine Berufung. So bietet er den Göttern, die ihn leiden sehen wollten, die Stirn. Die gegebenen Grenzen werden zu seinem Ermöglichungsraum, ja zu seiner ganz persönlichen Freiheit! Es ist diese Haltung, die, entgegen den Absurditäten des gegenwärtigen Menschheitshandelns, tragen kann. Nennen wir sie die Haltung des Hindurch, des immer wieder Aufstehens, auch wenn dein Schicksal darin zu bestehen scheint, immer wieder zu fallen. Camus: „Der Kampf gegen Gipfel vermag ein Menschenherz auszufüllen. Wir müssen uns Sisyphos als einen glücklichen Menschen vorstellen." (S. 128) Diese Haltung repräsentiert genau jene Konsequenz, welche die Menschheit benötigt, um das Tal ihrer Entfremdung, ja Entzweiung vom Leben kraftvoll zu durchschreiten.

Das für das Ganze und für mich als Mensch so grundlegend notwendige und gelebte Ethos nimmt Gestalt an im stetigen Neu- und Selbstentwurf. Keine Weltverbesserung ist denkbar ohne Selbstverbesserung. Und beides geht nicht ohne existentielles Denken. Wir sprechen hier deshalb nicht nur von etwas Möglichem, sondern auch von etwas Nötigem. Der Schweizer Kulturanthropologe *Jean Gebser* (1905-1973), Zeitgenosse und Bruder im Geiste von Albert Schweitzer, formulierte es so:

> „Wer sich...seinem Auftrag, der ein geistiges Ansinnen ist, entzieht, handelt gegen den Ursprung. Wer gegen ihn handelt, hat keine Gegenwart, heute so wenig wie morgen... Ein jeder ist frei, es zu leisten. Wer diese Freiheit verspielt, verspielt sein Leben und seinen Tod." (1995, S. 138f.)

Das Ringen zum Werden hin erkennt sich als Ringen darum, nicht nur Mensch zu bleiben angesichts der Entzweiung des Lebens. Über die Einsicht in die eigenen Schwächen, die eigenen inneren Widersprüche und Gegensätze hinaus, will ich vielmehr fortwährend neu Mensch werden. Leben wird dadurch zu einem schöpferischen Akt. Die äußere Erscheinung wandelt sich, während das Innere und Seelische den Prozess der Reinigung und Klärung durchläuft. Größeres allerdings ist grundsätzlich nicht ohne Preisgabe von Gewohntem und Bindendem zu erlangen. So steht nun auch das Ich auf dem Prüfstand, und das in sehr grundsätzlicher Weise. Denn in den selbstbezogenen Kampf verstrickt, kann es nie zum Ganzen führen. Es gibt sich mit dem zufrieden, was ihm vertraut ist. Und es pflegt die Täuschung, das höchste Gut doch schon längst erreicht zu haben. Es leugnet vor sich und vor anderen, dass einer neuen Geburt das Sterben des Alten und damit verbundene Trauerprozesse vorausgehen.

Mit der Infragestellung und Transformierung egozentrischer Selbstbilder und Ideale entsteht Freiheit vom Ich. Das egoistische Gen weicht zurück vor der unermesslichen Weite universeller Wirklichkeit. In der neu gewonnenen Freiheit ordnet sich alles neu. Dieser Abschied mag begleitet sein von Verlustangst, konkreten Verlusterfahrungen und der Empfindung von Verlassenheit im alten Leben. Das gefestigt scheinende Identitätsgefühl zerbricht. Doch dieser Gang durch das, was Mystiker verschiedener Traditionen als die dunkle Nacht der Sinne und des Geistes bezeugen, ist unausweichlich. Sie will genauso durchlebt sein wie die Freude, die wartet, und wie die Rückschläge, die auch dem Erwachen unweigerlich wiederum folgen. In unserer irdischen Endlichkeit bleiben wir unvollendbar. Fehler und Irrtümer gehören zu dem Prozess. Sie sind die natürliche Kehrseite des Vollkommenheitsbildes und zugleich Zeichen für entsprechende notwendige Korrekturen. Demgegenüber macht es dann gerade historische Ausnahmepersönlichkeiten wie Schweitzer aus, dass wir sie als nahe an dieser Vollkommenheit erkennen.

In dem stetigen Neuentwurf werden wir der Freiheit gerecht, auf der jedes menschliche Wesen gründet. Sie erweist sich vor allem in der inneren Lösung von den kulturellen, gesellschaftlichen und geistigen Institutionen, die den Anspruch erheben, für die Sinndeutung des Menschen zuständig zu sein. Und sie bewährt sich im Respekt vor der Einsicht, dass Freiheit nur von Wert ist, wenn sie sich nicht selbst gefährdet oder dadurch aufhebt, dass sie die Seins- und Entwicklungsmöglichkeiten des Menschen und des Lebens schlechthin in Frage stellt.

Die Ethik der Ehrfurcht vor dem Leben konnte nur deshalb ihren außerordentlichen Platz im Universum der Menschheitsideale und Zukunftsvisionen einnehmen, weil sie mit einer außerordentlichen Persönlichkeit und deren Lebensbeispiel verbunden war. Dieser Zusammenhang ist fundamental. Denn in ihm gründet die Autorität sowohl der gegebenen Idee als auch der sie repräsentierenden Person. Und daraus gilt es zu lernen hinsichtlich der Frage von Macht und Einfluss.

Wer Macht und Herrschaft für sich selber sucht, auch

wenn er dabei an sich gute Ideale vertritt, der wird seine Ideale verraten. Die Geschichte lehrt uns, dass vor den selbstbezogenen Ansprüchen von Herrschaft die zarten Werte kapitulieren müssen. Denn Herrschaft ist eine Weise von Beziehung, die der Vielfalt und der Freiheit von Leben per se widerspricht. Ethos und Kommando werden nie ein liebendes Paar sein. Diese Mischung widerstrebt selbst jedem Klima von Kooperation. Denn das Wesen von Herrschaft ist konfrontativ und richtet sich gegen Freiheit, Pluralität und Selbstbestimmung. Zudem äußert sie sich eher in Fanatismus und Kontrollwahn, als in liebender Hingabe und vorbildhaftem Beispiel.

Der Verbindung von Macht und Ethos kann demgegenüber all das, was Herrschaft versagt bleiben muss, gelingen. Die Voraussetzung dafür allerdings wäre, Macht im Schweitzer'schen Sinne als Überzeugungs- und Gestaltungskraft zu verstehen. Deren Autorität speist sich aus der Liebe zur Gerechtigkeit und dem entsprechenden liebenden Durchsetzungsdrang in eben auch liebender und respektvoller Weise. Ein anderes Wort dafür wäre gelebte Solidarität als Lebensform des Verbindenden in Verbindlichkeit. Bloße Toleranz reicht dafür nicht hin. Denn sie kann schnell in die stillhaltende Akzeptanz eines jeglichen münden, in ein Hinnehmen von nahezu allem, aus purer Bequemlichkeit bzw. einem Desinteresse, das sich auch noch erhaben dünkt. Das neue, von der Lebensethik durchdrungene Menschsein aber wird nicht auf dem Fundament von Gleichgültigkeit, Bequemlichkeit, Desinteresse oder einer lediglich erbauenden Betrachtungsweise des Visionären entstehen. Es wächst dadurch, dass wir es in liebender und hingebungsvoller Konsequenz schaffen.

Tun und Lassen

Niemand wird im Zusammenspiel von Erde, Natur und Mensch den Lauf der Dinge prinzipiell verändern können. Doch das Maß an Leid und Schuld, das wir in dieses Beziehungsgeflecht hineingebracht haben, lässt sich durch Sittlichkeit verringern. Das war Schweitzers Überzeugung. Bejahung des Lebens und Bejahung der Welt bilden das Fundament für eine Ethik tätiger Liebe. Sie weist uns den Weg dahin zu erkennen, wofür wir da sind und wohin sich unsere Zuwendung neigt. Als Praxis allerdings fällt sie uns nicht zu. Sie lebt nicht in uns als eine gleichsam natürliche Selbstverständlichkeit. Sie will durch unausweichliche Konflikte hindurchgetragen und gegen zahlreiche innere Widerstände, vor allem unsere Bequemlichkeit, errungen werden. Das ist ein Kampf mit uns selbst. Es ist ein Kampf im Innern. Und er geht jeder erfolgreichen Einwirkung im Außen voraus. Nie wird Friede auf der Erde sein, mit nichts und niemandem, wenn er nicht zunächst begonnen hat, im Herzen der einzelnen Menschen Wurzeln zu schlagen.

Erst in der ethischen Tat wird die Ehrfurcht vor dem Leben substantiell. Das Handeln führt in die tiefe Verbundenheit, von der ein bloß inneres Empfinden nur unzureichend Kunde geben kann. Doch auch an dieser Stelle sollte im Blick bleiben, dass wir dem Schatten der Selbstentzweiung des Lebens selbst durch ein noch so bewusstes Handeln nie ganz entrinnen können. Und so werden ethischer Anspruch und ethische Praxis keine letzte sittliche Formvollendung erfahren. Es wäre aber schon viel, dies zu erkennen und sich um das entsprechende Ringen mit uns selbst zu bemühen. Eine stetige und selbstehrliche Prüfung unseres Gewissens dient diesem Prozess. Hilfe erhalten wir zudem von dem Wissen darum, dass die Verantwortung, die wir tragen, im Letzten immer auf das Ganze gerichtet ist. Und das betrifft auch den kleinsten Schritt.

Es erscheint mir angemessen, diesen unebenen Weg des Menschen durch alle äußeren und inneren Hindernisse hindurch als seinen Weg zur gesuchten inneren Vollkommenheit zu betrachten. Es ist nach Schweitzer erst dieses Streben, das ein Wirken wertvoll macht. Das Unedle und Unlautere in uns kann Stück für Stück aufgegeben werden. Und so gelangen wir in das angemessene ethische Verhältnis zu uns selbst. (vgl. Schweitzer 1999/2000, S. 55)

Als Frucht aus dem Prozess der ethischen Reifung wird an erster Stelle der Drang stehen, die Tugenden gegenüber dem anderen Leben zu kultivieren und sich um jedes bedürftige Schicksal zu kümmern. Kümmern kann dabei in einer Gegenwart, in der wir uns maßlos ausgedehnt und anderem Leben den Raum zum Sein geraubt haben, auch bedeuten, etwas zu lassen. Es wird mehr und mehr meinen, sich zurückzunehmen und zurückzuziehen aus den gewaltsam vereinnahmten Refugien. Nur so können sich wieder Gleichgewichte im Reich der Tiere und der Pflanzen herausbilden, die ihren naturhaft gegebenen Lebensregeln folgen. Dann kann sich auch wieder die allem mitgegebene Ästhetik im Sein entfalten. Es ist jene Ästhetik und Schönheit, die dem evolutionären Prozess selbst eigen ist. Immer aufs Neue strebt sie im Wechsel der Jahre zu neuer Vollendung und entfaltet sich nach eigenen Gesetzmäßigkeiten. Doch dazu müssen wir sie lassen, ihr Raum geben und Schutz vor dem Zugriff des Menschen gewähren. Es geht also darum, auch ihre Würde und nicht nur die des Menschen grundsätzlich als unantastbar zu respektieren.

Ästhetik und Schönheit bedürfen des Schutzes. Das bedeutet klares und entschiedenes Handeln. Und sie bedürfen der sorgsamen Pflege, ja vielmehr noch der liebenden Zuwendung. So viel anders wie bei einem geliebten Menschen ist das bei Mutter Erde nicht. Was wir wirklich lieben und wofür wir entsprechend sorgen, wird auf seine Weise immer wieder neu erblühen. Nur manchmal besteht eben die beste Fürsorge im Seinlassen, im Nichttun, im Nichtberühren. In anderen Worten: Es geht um Einswerden durch pure liebende Präsenz und Wahrung der Schutzräume des Anderen.

> Bedarf es an dieser Stelle noch des Hinweises, dass ein solches Ansinnen, neben allen Naturschutzbemühungen, nicht ohne eine vegetarische Lebensweise zu verwirklichen ist? Dem Verbrauch von Tieren um unseres „Genusses" willen, liegt wohl neben der Besiedlungspraxis des Menschen der größte Verbrauch von Natur und Boden zugrunde.

Wo Tun und Lassen eine Einheit um des Ganzen willen bilden, gelangen auch Begriff und Verständnis von Freiheit zu neuer Bedeutung. Es gilt, Freiheit in den nun erkannten notwendigen Grenzen neu zu erlernen. Das beginnt mit dem Erkennen, dass mein Lebensrecht nur so weit gilt, wie es anderes Lebensrecht nicht verletzt. Die Grenzlinien jeglichen Handelns werden somit durch lebensfeindliche Orientierung gezogen.

Freiheit in diesem Sinne erfordert eine grundlegende Beschränkung. Sie benötigt diese auch allein schon deshalb, um sich selber zu bewahren. Leicht wird übersehen, dass die Freiheitsrechte des Lebens zunächst seinen nackten Überlebensnotwendigkeiten dienen. Erst wo das Überleben gesichert ist, kann Freiheit sich entfalten. Und es geht heute auch um die Erhaltung der Freiheitsoptionen kommender Menschheitsgenerationen und des nach uns kommenden Lebens. Denn das will sich gleichfalls entfalten. Um es deutlich zu formulieren: Mit Freiheit haben also all jene Verhaltensweisen nichts zu tun, durch die Lebensgrundlagen schon jetzt und vor allem auch die Lebensbedingungen der Kommenden zerstört werden.

Freiheit in uns kann nicht wachsen, ohne dass wir Abhängigkeitshaltungen erkennen und überwinden. Abhängigkeiten entstehen gegenüber Dingen, Gütern, äußeren Werten und Strukturen, die gleichsam ein Eigenleben führen und „Pflege“ sowie „Zuneigung“ abfordern. In Abhängigkeitshaltungen führen Zeitgeistströmungen, Moden, öffentliche Meinungen, Moral und Gewohnheiten, aber auch Erkenntnis-Schulen der Weisheit und des Wissens, die uns in geistigen Engführungen halten und damit der Schweitzer'schen Denknotwendigkeit zuwiderlaufen, sind dafür mitverantwortlich. Abhängigkeitshaltungen entwickeln wir schließlich gegenüber Personen. Das passiert immer dann, wenn Beziehungen von Projektionen, Erwartungen, Anhaften oder Abstoßung und nicht vom S*ein*lassen geprägt sind. Den anderen *sein*lassen allerdings kann nur der, der sich selber auch immer wieder lässt –*sein* lässt, *werden* lässt; der den Respekt gegenüber dem eigenen Selbst aus dem Respekt gegenüber dem anderen zieht und umgekehrt. Die Freiheit des Lassens schafft neuen Freiheitsraum. Sie lässt überlebte Optionen hinter sich und öffnet neue.

Mit der Freiheit halten wir das wohl kostbarste Gut der Menschheit und eines jeden einzelnen Menschen in Händen. Sie gibt ihm eine Würde, die jene dem Sein an sich immer schon verliehene noch einmal übersteigt. Denn sie führt den bewussten Geist in die Selbstbestimmung. Als Hauptdarsteller und nicht als Komparse sollen wir uns auf der Bühne des Lebens bewegen. Doch diese aus der Selbstbestimmung hin zum Größeren erwachsende Würde will stets neu errungen sein. Mit jenem billigen Behagen, das dem Anspruch entflieht, über sich hinauszuwachsen, kann sie den Raum nicht teilen. Wir sprechen hier also von jener Freiheit und von jener Würde, die nicht als Beliebigkeit missverstanden werden dürfen. Vielmehr stehen sie für eine Orientierung, die bereits einer grundlegenden Richtungsentscheidung folgt. Es ist die Entscheidung für die Liebe zum Leben, für die Ehrfurcht vor allem Sein und eine entsprechend dienende Existenz. Und so fallen an dieser Stelle des Lebensweges Freiheit und Pflicht zusammen. Kein Widerspruch besteht nun mehr zwischen Selbstbestimmung und Hingabe.

Selbstermächtigung und Mut zum Sein

Das gewaltige zukunftsweisende geistige Experiment, das mit der Ehrfurcht vor dem Leben einhergeht, bedarf mehr als eines Aufbruchs. Es ruft nach einem visionären Ruck, der die brüchig gewordenen Bastionen einer lebensfeindlichen Kultur in ihren Fundamenten erschüttert.

Dass ein Volk ohne Vision zugrunde geht, finden wir im biblischen Buch „Sprüche" (29,18). Und wahrhaft nicht nur für ein Volk, für die Menschheit selber müssen wir heute diesen Satz in Anspruch nehmen.

Mit der „Ehrfurcht vor dem Leben" liegt eine dem höchsten Anspruch gerecht werdende planetarische Vision vor. Jederzeit macht sie uns den Stachel des Noch-Nicht, des zwar Ersehnten, aber noch Unvollendeten bewusst. Ihn zu spüren, gleicht dem Gefühl eines existentiellen Mangels. Es ist genau das Mangelempfinden, das nicht abgestellt, sondern immer am Leben gehalten werden will. Es beugt der Selbstzufriedenheit und einer entsprechend von der Verbundenheit mit allem Leben fortführenden Selbstgenügsamkeit vor. Es hält in der Freiheit, unterwegs zu sein.

Die Vision der „Ehrfurcht vor dem Leben" richtet die Wahrnehmung auf das, was werden will. Und sie ermutigt uns, die Chance zur Verwirklichung immer im gerade gegebenen Moment zu sehen. Denn handeln können wir nur im Jetzt. Das meint Kairos-Bewusstsein. Der Kairos, jener besondere, ja heilige Moment, stößt an, zur rechten Zeit zu handeln. Er ermahnt zur inneren Wachheit und Achtsamkeit. Denn so wie jeder Moment ist auch jeder Mensch einmalig und versehen mit der Verantwortung, dass das, was er nicht tut, in dieser Weise sonst niemand tut.

Vision und Kairos sind zwei Seiten einer Medaille. Visionäre Wandlungskraft setzt kairoshaltige Luft voraus. Fällt beides zusammen und verbindet sich im Sprung in das Ungewisse, mag dieses Geschehen den Übergang in ein neues Erdzeitalter eröffnen. Leben kann sich dann im Rahmen der uns gegebenen Freiheit als fortwährender Entwicklungs- und Vollendungsversuch begreifen. Es wird keine Alternative dazu geben, in diesem Sinne radikal über das Bestehende hinauszugehen. Das bisher gleichsam als naturhaft und als gesellschaftlich alternativlos Angesehene in unserem Verhalten will durchbrochen und nicht länger vorsichtig in kleinen Schritten umkreist werden.

Doch wie gelingt das Vorwärtsschreiten in einem solchen Geist, der über sich und die Gegenwart hinausgeht?

Nun schlägt die Stunde der Phantasie, der inneren Bilder, die etwas vorstellbar und einfühlbar machen. Und eine darauf bezogene Sprache ist gefordert. Dann kann ein Sog durch die Gegenwart hindurch und über sie hinaus entstehen. So nimmt das Morgen eine Gestalt an, mit der wir in eine neue Begegnung treten können. Das Notwendige und Wünschbare verbindet sich mit den zu respektierenden lebensweltlichen Gegebenheiten.

Wenn nie wieder etwas orientieren und lenken soll, was der Liebe zum Leben widerspricht, erfordert das klare Entscheidungen, die sich über sogenannte „Umstände", Bequemlichkeiten und Lebenslügen hinwegsetzen. Es geht um den Aufbruchsgeist, der menschliches Leben adelt. Der Zustand von Welt und Mitwelt erfordert diesen täglichen Aufbruch von uns. Albert Schweitzer schreibt: „In keiner Weise erlaubt die Ehrfurcht vor dem Leben dem Einzelnen, das Interesse an der Welt aufzugeben. Fort und fort zwingt sie ihn, mit allem Leben um ihn herum beschäftigt zu sein und sich ihm verantwortlich zu fühlen." (Schweitzer 2013, S. 46)

Das mögliche Neue zeigt dabei seine Konturen immer auch im Erfahren und Aushalten dessen, was ist. Es fordert den Mut zum Sein. „Nichts ist verloren, solange einer voranstrebt", ermutigt uns Augustinus.

Das große DENNOCH

Der Weg über den Pass der Lebensdienlichkeit ist steil und voller Steine. Und so werden wir auf ihm einer Grunderfahrung unausweichlich begegnen. Es ist das Gefühl, zu scheitern. Keine letzte Sicherheit, keine Verlässlichkeit erwartet als Wegstation den Wanderer und Suchenden. Leicht mag sich aus diesem Blickwinkel dann das Unterwegssein als eine Wegstrecke voller Enttäuschungen darstellen. Doch was im Prozess des Scheiterns als schmerzvoll und leidgebunden erlebt wird, will eigentlich nur neu orientieren und heilen.

Im Scheitern tritt die Grundambivalenz des Menschen zu Tage. Ihm wird es zur dauerhaften Prüfung. Und doch liegt Gnade darin, es als dem Gesetz des Seins und des Werdens zugehörig zu erkennen. Das Werden bedarf des Vergehens. Wie sonst entstünde Bewegung? Wenn der biblische Prediger Kohelet selbst das uns als ewig erscheinende Universum als Windhauch, als Vorübergehendes offenbart (vgl. Kohelet 12, 1-8), dann liegt im Durchleben des Vergehens mit das Tiefste, das wir überhaupt erfahren können. Es offenbart sich als ein ganz eigener Ursprung von Lebendigkeit.

Doch nicht jeder Mensch wird sich in der Lage sehen, mit einer entsprechenden Lebenssituation und der damit verbundenen Ohnmacht umzugehen. Mancher gibt auf. Er streicht die Segel. Dann, so heißt es, hat er resigniert. Was ihn einst bewegte und führte, ist geschwunden. Pläne sind zerrissen, Erwartungen enttäuscht und darauf bezogene Hoffnung unwiderruflich zerstoben.

Wer resigniert, sagt man, hat verloren. Er ist zumindest sehr geschwächt. Er musste sich Verhältnissen beugen, die stärker sind. Jetzt haftet ein Makel an dir. Es ist der Makel unmissverständlich aufgezeigter Grenzen. So ließe sich wohl der landläufige Blick auf das charakterisieren, was wir Resignation nennen. Doch auch hinter dieser oft so ernüchternden Begegnung mit dem Leben wartet – wenn wir unser Bewusstsein dafür offen halten – eine ungleich tiefere, ja existentielle Erfahrung und Einsicht. Albert Schweitzer geht auf sie in seinen Lebenserinnerungen ein:

> „Wahre Resignation besteht darin, daß der Mensch in seinem Unterworfensein unter das Weltgeschehen zur innerlichen Freiheit von den Schicksalen, die das Äußere seines Daseins ausmachen, hindurchdringt. Innerliche Freiheit will heißen, daß er die Kraft findet, mit allem Schweren in der Art fertig zu werden, daß er dadurch vertieft, verinnerlicht, geläutert, still und friedvoll wird. Resignation ist also die geistige und ethische Bejahung des eigenen Daseins. Nur der Mensch, der durch Resignation hindurchgegangen ist, ist der Weltbejahung fähig.“ (Schweitzer 2015, S. 198)

Das Leben, das der weise Mann aus dem Urwald selber führte, bewahrt uns davor, diese Sicht misszuverstehen als Absage an jede notwendige Veränderung. Im Gegenteil. Solche Resignation und die damit verbundene Beruhigung und Besinnung führen in einen neuen Realitätssinn, was unsere wahren Möglichkeiten anbelangt. Es geht um die erlittene und schließlich erlangte Freiheit von so manchen Schicksalswendungen des Lebens. Wir könnten gar davon sprechen, in ein Freisein von der Welt gehoben zu sein. Die Lebensanschauung läutert sich. Es wartet jene heilsame Passivität, die sich mit den mir gegebenen Möglichkeiten und Unmöglichkeiten bescheidet. Resignation in diesem Sinne lässt durchatmen. Sie schenkt Erholung und öffnet den Raum dafür, sich auf anderes auszurichten!

„Resignation ist die Halle, durch die wir in die Ethik eintreten. Nur der, der in vertiefter Hingebung an den eigenen Willen zum Leben innerliche Freiheit von den Ereignissen erfährt, ist fähig, sich in tiefer und stetiger Weise anderem Leben hinzugeben." (Schweitzer 2013, S. 39)

Scheitern und Resignation können wir als eine Grenzerfahrung betrachten. Auch hier lohnt in Verbindung mit dem Freiheitsgedanken Schweitzers ein näherer Blick.

Grenze meint: Mir ist ein Raum zugewiesen. Nach innen kann ich mich hier entfalten, die Dinge gestalten, meine Energien bündeln und dosieren. Es ist mein Raum der Freiheit. Auf das Außen bezogen bietet mir der Raum einen gewissen Schutz. Der sollte zwar nicht als *Sicherheit* missverstanden werden, doch gewährt er ein wenig Verlässlichkeit, das notwendige Maß an Überschaubarkeit und auch immer wieder eine Ahnung von Ruhe. Ich-Bewusstsein, Individualität und Sozialität und auch ein in das Ganze eingebettetes Selbstwertgefühl sind ohne Grenzen nicht vorstellbar. Die Grenze gehört zum Prozess der Stiftung von Identität. Und dies gilt personal, sozial und kulturell.

Scheitern, Resignation und Grenzerfahrung – sie weisen uns darauf hin, dass es immer um mehr geht als das vordergründige Glück. Zwar nimmt der verantwortliche Mensch es, wie Albert Schweitzer betont, dankbar hin, wenn es ihm begegnet. „Aber er ist entschlossen, zu wirken, auch wenn ihm Glück und Erfolg versagt sein sollten. Er sät wie einer, der nicht darauf zählt, die Ernte zu erleben." (Schweitzer 2007, S. 282)

Natürlich geht ein solches Lebensverständnis, geht die Vision für das so notwendige Neue nicht ohne Phasen einher, in denen uns Unsicherheit, ja Angst überkommen. Das Pendel schwingt dann zwischen beflügelnder Hoffnung und der Schwerkraft, die sich daraus ergibt, greifen, halten und sichern zu wollen. Viele der schönsten Aufbrüche und ausnahmslos alle durchkämpften Revolutionen sind dieser Energie letztendlich erlegen Sie haben damit ihren eigenen Impuls zerstört.

Angst und Sorgen beziehen sich auf etwas Bedrohliches und zugleich Unbestimmtes und Diffuses. Sie drücken durchaus eine Grundbefindlichkeit des Menschen aus, die wir Seinsangst nennen können. Seinsangst hängt tief mit dem Gefühl metaphysischer Einsamkeit und letztendlicher Verlorenheit des Ich zusammen. Sie macht feindselig gegenüber den eigenen Wachstumspotentialen. Sören Kierkegaard (1813 – 1855), der Kopenhagener Religionsphilosoph, hat uns jedoch darauf hingewiesen, dass wir ohne Angst kein wirkliches Schicksal haben. Ohne sie läuft das Leben in konventionellen Selbstverständlichkeiten und einer oberflächlichen Selbstzufriedenheit ab. In ihr wird nichts hinterfragt und in Frage gestellt. In der Angst aber sehen wir uns in Frage gestellt. Sie zeigt die Unsicherheiten, die mit dem Leben verbunden sind. Die Angst geht treu und verlässlich mit auf dem Weg zum Werden. Und solange sie den Menschen nicht in ihren Bann zwingt, kommt auch ihr eine potentiell heilende und ermöglichende Kraft zu.

Du bist nicht allein

> „Das Handeln eines Einzelnen ist nie verloren und erhält oft eine Bedeutung, die vor ihm verborgen bleiben muss, weil sie so groß ist, dass er davon eitel werden könnte.“ (Schweitzer 2001, S. 1090)

Oft, nur allzu oft, entstehen die Gefühle von Scheitern, Ohnmacht, Resignation, Grenzerfahrung und Angst aus dem Gefühl bzw. der empfundenen Erfahrung, allein unterwegs zu sein. Und du fragst dich dann, wie das alles denn gehen solle mit dem Projekt, die Ehrfurcht vor dem Leben in eine kollektive Wirklichkeit zu führen. Braucht es dazu, so wie es auf der Erde aussieht, nicht die große Masse? Und wer bist du dann schon, alleine bzw. mit den wenigen Weggefährten und Weggefährtinnen?

Es ist leider das demokratische und parlamentarische Denken der Neuzeit, das Menschen gemeinhin zu der irrigen und gefährlichen Annahme führt, es käme bei grundsätzlichen Fragen auf die große Zahl oder sogar Mehrheiten in einer Bevölkerung an. Selbstredend gilt das für gesellschaftliche Entscheidungsprozesse mit langem Vorlauf und für all das, was schließlich in Gesetzen mündet. Doch selbst dem gehen normalerweise Ideen, Visionen und Anstöße voraus, die im kleinsten Kreise geboren wurden, um schließlich das Licht der allgemeinen Wahrnehmung und Erörterung zu betreten. Es sind immer der Ursprungsgedanke und die mit ihm verbundene Aufbruchsenergie, die Wandel in

Bewegung bringen. Dies gilt im Guten wie im Schlechten. Und kein Gedanke, keine Energie gehen je verloren, selbst wenn sie nie die Chance hatten, den Raum der Öffentlichkeit zeitnah zu betreten. Manchmal kommt ihre Stunde später, manchmal völlig unverhofft; manchmal ruhen sie still vor sich hin und verwelken langsam. In jedem Falle hinterlassen sie Spuren im Geistes- und Bewusstseinsfeld dieses Planeten, der sogenannten Noosphäre. Die Voraussetzung dafür allerdings ist, dass sie von Edelmut und Wahrhaftigkeit getragen wurden. Albert Schweitzer schreibt:

> „Es ist kein Kreis zu klein, dass nicht das Größte
> drin gewirkt werden könnte, und keine Kraft,
> die in Wahrhaftigkeit und Gottvertrauen tätig ist,
> geht verloren." (Weber 2013, S. 182)

Die Menschheitsgeschichte ist voll von den Geschichten einzelner Menschen und kleiner Gruppen, die große Transformationen in Gang setzten oder den letzten Ausschlag für einen Systemwandel gaben. Gerade in den gegenwärtigen Zeiten kann und sollte dies Mahnung, Hoffnung und Zuversicht zugleich sein: Folge der inneren Stimme, der gereiften Überzeugung und dem Gewissen; verweigere dich nicht dem größten und besten Wollen; verbinde und verbünde dich. Niemand weiß, wie viele derer es bedarf, um den großen heilenden Wandel auf der verwundeten Erde zu bewirken. Vielleicht sind es weltweit nur wenige Millionen oder gar nur Hunderttausende – zur rechten Zeit, in rechter Energie, am rechten Ort. Und vielleicht ist es gerade ein einzelner Mensch und sind die mit ihm verbundenen Menschen die entscheidenden Auslöser. Die Orientierung an der großen Zahl dämpft, entmutigt, raubt Kraft.

Fang an, lebe deine Verantwortung, die du wie jeder für das Ganze trägst, und vertraue – das will uns Albert Schweitzer sagen. Lebe schon jetzt deinen Traum und dein Ideal, unbeirrt, dem Leben dienend. Auch wenn unsere leiblichen Augen es nicht sehen – wir sind nie alleine.

Der Kampf, den es für das Leben und gegen die Kräfte der Beharrung und des Desaströsen zu führen gilt, ist ohne Alternative. Wir sind es den nach uns Kommenden schuldig. Und wir sind es uns selbst schuldig. Zu Ende gedacht, ist es der Kampf um die eigene Würde, um die Selbstachtung. Es wird dabei zumindest für längere Zeit Auftrag sein, lernen zu müssen, in einer Welt zu leben, deren Zauber und Verlockungen drastisch reduziert sind. Der Mensch wird sich aber auch darauf verlassen können, dass diese Welt nicht kurzfristig kollabiert. Wobei, wenn wir von „Welt" sprechen, die Welt der Menschen gemeint ist. Der Planet an sich, dies muss immer wieder betont werden, kommt mit allen Herausforderungen klar und hat dafür auch viele Millionen Jahre Zeit, seine Evolution entsprechend anzupassen. Für uns aber bringt das Zusatzanforderungen mit sich. Die Brüche, das unvermeidbar immer wieder auftretende Chaos im Umbruch und der permanente Wandlungsdruck erfordern hohe Widerstandskräfte im Einzelnen und in der Gesellschaft. Wir sind gefordert, uns neue Fähigkeiten und Fertigkeiten anzueignen. Und zugleich müssen wir lernen, zu ertragen und auszuhalten und mit den auftauchenden Problemen konstruktiv umzugehen. Hier liegt ein gewaltiger Bildungsauftrag für alle Bildungsebenen vor. Das geht nicht ohne eine entsprechende Bewusstseinsarbeit. Denn die auf uns zukommenden Probleme werden weniger materieller als vielmehr psychischer und bewusstseinsbezogener Natur sein. Damit wären wir wieder bei der Denknotwendigkeit, die allem Lebensethos vorausgeht und die Albert Schweitzer so mahnend einfordert. Und wir wären bei *der* Seelentugend, ohne die es keinen Schritt aus der Überlebenskrise gibt – die Kraft des Mitleids.

Mitleid hat es schwer in unserer Zeit. Die Menschheit wird von Bildern des Leids in einem Maße überschwemmt, dass feinere und unterscheidbare Empfindungen ersticken. Fremdes, telegen zugerichtetes Leid dient als Stilmittel und Quotenbeschaffer für das Universum der elektronischen Medien und der Presse. Zugleich bedient es voyeuristische Instinkte der Mediennutzer. Zu dieser Ausbeutung des Leids treten Gewöhnung und Abstumpfung. Dahinter kann sich dann umso besser verbergen, was an Leid dem Blick der Öffentlichkeit und des Einzelnen bewusst entzogen werden soll. In erster Linie betrifft dies das Leiden der Tiere und Pflanzen.

Wo die Kraft des Mitleids sich nicht kultiviert und entfaltet, dort sehen wir uns mit innerer Verhärtung und Verrohung konfrontiert. Gleichzeitig verkümmert die Fähigkeit, Glücksempfinden zu teilen, sich mitzufreuen und die Schönheit und Erhabenheit des Seins an sich zu genießen. Wer kein Mitleid spüren kann, der kann auch keine Freude empfinden, die über den Ich-Bezug hinausgeht. Ein Mensch ohne Mitleid mit dem Leben fristet, verbannt in sich selbst, eine verworfene Existenz.

Mitleid haben heißt Leiden. Das Leid des verwundeten Anderen verwundet mich selbst. Und wer dem Anblick dieser Erde mit ihrer Zerrissenheit, den Demütigungen und Gewaltexzessen gegenüber jeglichen Formen des Lebens nicht ausweicht, für den wird das Verwundetsein dauerhaft. Es macht die Lebensfähigkeit des mitleidsfähigen Menschen aus, daran nicht zu zerbrechen und sich nicht lähmen zu lassen. Leid, Mitleid und Freude gehören gemeinsam zum Leben. Eine reine Mitleidsethik erweist sich deshalb letztlich als unangemessen für eine wahrhafte Auseinandersetzung mit dem Leid. Denn wo das Mitleid begonnen hat, die innere Haltung eines Menschen zu dominieren, schwächt es, wird es sentimental, destruktiv und blockiert den klaren Blick auf Handlungsoptionen. Auch lenkt es an dem Wissen vorbei, dass nicht alles geheilt werden kann. Denn es gibt den natürlichen Gleichgewichtszustand von Leben und Tod genauso, wie die nie vollständig zu überwindende Selbstentzweiung.

Mitzuleiden und doch handlungsfähig zu bleiben; sich verwundbar zu halten, ohne in Tränen zu ersticken; an den Heilungskräften zu arbeiten und doch die Vergänglichkeit sehen und respektieren...in diesem Maß liegt die Kraft des Mitleids. Auch dies gehört zum Bildungsauftrag der Zukunft, den es bereits in frühesten Kindertagen wahrzunehmen gilt von allen, die Verantwortung für neues, menschliches Leben tragen. Dieses Fach in der Lebensschule trägt den Namen: *Bildung des Herzens.*

„Liebe ist die einzige Melodie,
mit der ich in die unendliche Symphonie
des Seins einstimmen kann.“

V

Das Vermächtnis Albert Schweitzers: Die Lebensrechte

Erst im Mitfühlen mit allen Lebewesen auf diesem Planeten und im Erlernen der Fähigkeit zum Mitleid werden wir Menschen, die diese Ehrenbezeichnung verdienen.

In einem 1925 gehaltenen Vortrag wies der deutsche Soziologe Max Scheler (1874-1928) darauf hin, dass der „… Mensch als Vitalwesen ganz ohne Zweifel eine Sackgasse der Natur…“ sei. Zugleich aber liege in ihm als Geistwesen der „herrliche Ausweg aus dieser Sackgasse.“ (Scheler 1925, S. 16f.) Dem Gedanken, dass nun das Reich des Geistes die Führung über eine absurde und in die Ausweglosigkeit treibende Seinsweise übernehmen muss, lässt sich zustimmen. Wandlung und die Freisetzung der in uns ruhenden Potenzen kann ohne einen Neuentwurf von Sinn, der neue Realitäten schafft, nicht erwartet werden. Doch sollte diese überfällige Einsicht nicht wieder in einen Dualismus führen, in dem das Geistwesen Mensch gegen das Leib- und Triebwesen ausgespielt wird. Vielmehr wird eine lebenswerte Zukunft gerade daran hängen, wie wir unsere Leiblichkeit und Bedürfnisstruktur in Harmonie mit dem fügen, was Erkenntnis, Weisheit und der Geist der Verbundenheit mit allem Leben vor uns entfalten. Die Frage ist demnach, ob wir endlich aus dem Tiefschlaf eines abgekapselten Egos erwachen. Dann finden wir den Weg vom kleinen Ich zum großen Selbst.

Die Aufgabe der gegenwärtigen Generationen kann demnach klar umschrieben werden: Legt die Fundamente, damit die Kommenden nicht nur eine Chance zum Überleben haben, sondern dass auch der Weg geebnet ist für eine Menschheit, die dem Ganzen dient und die darin ihre Erfüllung findet. So wird sie schließlich erkennen, dass dieser Dienst zugleich der beste und schönste ist, den sie sich selber tun kann. Was Albert Schweitzer einfordert, nämlich den Geist unbedingter Welt- und Lebensbejahung, die mystische Seinsorientierung und die daraus sprechenden Wahrheiten, werden sich dabei als kraftvoller erweisen als jede Macht der Verhältnisse. Mensch in der ihm möglichen Vollgestalt, Schönheit und Würde zu werden, ist kein illusionäres Traumgebilde.

Allerdings erfordert der Aufbruch hin zur großen Vision zunächst den nüchternen Blick auf das gegenwärtige Sein und die Antwort auf die Frage, wie wir hierher kamen. Auch sollten wir die Rollen sehen und verstehen, die wir selber inmitten spielten und spielen. Es macht keinen Sinn, sich von einer Realität zu distanzieren, die nicht nur da ist, sondern deren Teil wir selber sind. Nur eine Realität, der wir uns trotz aller Grenzwertigkeit nüchtern teilhaftig fühlen, lässt ein tieferes, auch selbstreflexives Verständnis zu! Nur sie können wir von innen heraus verändern. Von einem virtuellen äußeren Fluchtpunkt aus und in bewusstseinsmäßiger Abspaltung wird das nie gelingen.

Zu genau diesem tieferen Seinsverständnis will uns deshalb ja auch das Bewusstsein führen, indem wir uns als *Leben inmitten von Leben* erkennen und empfinden. Und genau an dieser Stelle stoßen wir auf das gravierendste Problem: Denn trotz aller vorhandenen Informationen, trotz der bereits jetzt sich vollziehenden gravierenden globalen Veränderungen und trotz des spürbaren Leids im Lebensprozess bleiben wir eingerichtet. Uns zeichnet eine geradezu unglaubliche geistige und wesenhafte Faulheit und Bequemlichkeit aus. Einsicht mit Konsequenzen lassen wir erst zu, wenn das Drama uns direkt anfasst. Die siebte der Todsünden, die das benennt, die Trägheit (Acedia), war wohl noch nie so verbreitet und folgenhaft wie in der Gegenwart.

Bringen wir es auf den Punkt: Es geht nicht nur darum, ein reduzierter Mensch in der Hoffnung zu bleiben, dass alles schon gutgehen werde. Im Angesicht der Entzweiung des Lebens, verbunden mit der Einsicht in die eigenen Potentiale, aber auch der eigenen Schwächen, inneren Widersprüche und Gegensätze, heißt der Auftrag, fortwährend neu Mensch zu werden. Vor uns liegt der Anspruch, das eigene Leben als einen schöpferischen Akt zu erkennen; es ist eine dynamische Skulptur. Deren äußere Erscheinung wandelt sich permanent. Gleichzeitig reinigt sich das Innere und Seelische, klärt es sich und streckt sich zur universalen Verbundenheit hin. Der Kompass für diese große Reise ist uns gegeben. Albert Schweitzer schreibt:

> „Fähig zu dieser Leistung werden wir nur in denkender Ehrfurcht vor dem Leben. Fängt Ehrfurcht vor dem Leben an, irgendwo am Denken und an der Gesinnung zu arbeiten, dann ist das Wunder möglich. Die Macht der in ihr gegebenen elementaren und lebendigen Geistigkeit ist unberechenbar." (Schweitzer 2013, S. 55)

> Dann werden aus Blinden Sehende und die Menschen werden endlich verstehen, dass in dem großen und einfachen Gebot der Ehrfurcht vor dem Leben „mehr hängt, als das Gesetz und die Propheten"; vielmehr hängt in ihm die „ganze Sittlichkeit der Liebe, in ihrem tiefsten und höchsten Sinn." (Schweitzer 2006, S. 59)

Zu dem dafür notwendigen Optimismus ethischer Gesinnung allerdings werden wir uns, wie der Philosoph Werner Jaeger (1888-1961) 1946 in einem Brief an Schweitzer feststellte, immer wieder aufraffen müssen. Ansonsten bestehe die Gefahr, doch „dem Fatalismus einer hinsterbenden Zivilisation und der Altersmüdigkeit" zu erliegen. (vgl. Briefwechsel, S. 401)

Schweitzer traute uns dieses Hinauswachsen über uns selbst zu! Auch müssten wir, wenn wir verstehen, dass wir uns unser Schicksal durch unsere Gesinnung selbst bereiten, den Weg des Niedergangs nicht bis zum Ende gehen.

(vgl. Schweitzer 2013, S. 163) Vorausgesetzt allerdings auch, dass wir dem geistig Erkannten und sittlich in uns Gereiften die ethische Tat folgen lassen. Schweitzer setzte sich hier bewusst von der „gütigen Tatenlosigkeit“ des ansonsten durchaus von ihm geschätzten griechischen und chinesischen Stoizismus ab. (vgl. Schweitzer 2013, S. 149f.)

Doch auch eine noch so gut gemeinte Tat steht unter dem Vorzeichen der Entzweiung und der darauf bezogenen unausweichlichen Härte. Einerseits gilt, dass dort, wo eine Empfindung lebt, auch die Anfrage des Nichtverletzens immer mit im Raume ist. Als Maß gilt hier die Empfindsamkeit der empfindsamsten Wesen. Andererseits steht das Nichtverletzen jedoch auch in der Verantwortung, Schaden von Leben fernzuhalten. Und das schließt Dulden des Gewalttätigen und Lebensverachtenden aus. Der Geist des Nichtverletzens benötigt auch die Fähigkeit zu kämpfen. Zaghaftigkeit und Selbstzweifel wenden keine Dinge zum Guten. Der „sanfte“ Jesus warf im Tempel die Tische der Händler um. Toleranz von Zuständen des Unrechts, der Verhärtung und der Verletzungen hat keinerlei ethischen Wert und keinerlei moralische Berechtigung. Vor dem (Sich)Versagen steht im Zweifelsfall die klare Handlung. Die Ethik der Tat mutiert so zum radikalen Wagnis und einer Entscheidungsqualität, die nur mit der ganzen und einsgewordenen Seele erreicht werden kann.

Das bleibt

> „Der Kampf gegen das Böse, das in den Menschen ist, haben wir nicht mit Richten anderer, sondern nur in dem Richten unserer selbst zu führen. Kämpfen mit uns selbst und Wahrhaftigkeit gegen uns selbst sind die Mittel, mit denen wir auf andere einwirken. Lautlos ziehen wir sie in das Ringen um die tiefe, aus der Ehrfurcht gegen das eigene Leben kommende geistige Selbstbehauptung hinein. Kraft macht keinen Lärm. Sie ist da und wirkt. Wahre Ethik fängt an, wo der Gebrauch der Worte aufhört."
> (Schweitzer 2007, S. 314)

Wo der Gebrauch der Worte aufhört...

Das erinnert an einen anderen und dessen Lebensmotto: *plus exemplo quam verbo* (mehr durch das Beispiel als durch das Wort):

Franziskus von Assisi (1181/82-1226), der große Heilige für die gesamte Schöpfung; der Liebhaber der Pflanzen, der Tiere, der Elemente; der tätige Anwalt für die Armen, Kranken und Verstoßenen; der Botschafter des Friedens. Viel vom Geist des mittelalterlichen Franz taucht in der Gestalt von Albert Schweitzer auf neue Weise auf. Und zugleich lebt in ihm noch ungleich mehr. Das betrifft nicht nur die geistig, philosophisch, literarischen Hervorbringungen, sondern auch sein ästhetisches Empfinden, dem er vor allem mit der Musik von Bach Ausdruck gab.

Franz war ein schlichter Geselle, der einen Bettelorden gründete und in frei gewählter völliger Armut und Enthaltsamkeit lebte. Schweitzer war ein universaler Geist, der die Armut in ein neuzeitliches Gewand kleidete – die Einfachheit.

Franz sonderte sich von der feudalen, bürgerlichen und klerikalen Gesellschaft ab, um in völliger Hingabe mit den Glaubensbrüdern seine Berufung zu leben. Albert Schweitzer hielt die Verbindung mitten ins Leben hinein, auch wenn ihm die vielen Jahre in Lambarene einen existentiellen Rahmen schufen, der mit klösterlich nicht ganz unzutreffend beschrieben werden kann.

Beide brannten für das Leben – Franz schwärmerisch, segnend und tröstend, Schweitzer karitativ und es geistig durchdringend.

Beide sahen sich in der Nachfolge von Jesus.

Beide hielten durch ihre urchristliche Existenz einer korrumpierten und verwahrlosten bzw. einer lauen Kirche den kristallklaren Spiegel vor.

Auf unterschiedliche Weise haben beide jene überzeitliche Größe und Strahlkraft, an denen Menschen sich aufrichten können.

Niko Kazantzakis schreibt in dem Epilog einer von Jean Pierhal verfassten, beeindruckenden, volkstümlich geschriebenen Biographie über Albert Schweitzer zu den beiden „Brüdern":

„Der Heilige Franz war die letzte Seele des
Mittelalters und die erste der Renaissance;

> in dieser Welt, in der wir heute leben, vom Häßlichen, von der Verneinung und der Ungerechtigkeit gesättigt, könnte Albert Schweitzer die erste Seele einer neuen Renaissance sein; wenn die Welt Bestand haben soll, wird dieser Mann in sich selbst das Vorbild des künftigen Menschen vorzeichnen. Albert Schweitzer in unserer Mitte ist ein großer Trost; gesegnet sei er; er gibt uns das Vertrauen in diesen von Gott erfüllten Schlamm, den man den Menschen nennt.“ (Pierhal 1955, S. 350)

Diese im Herbst 1954 im südfranzösischen Antibes geschriebenen Worte haben nichts von ihrer Aktualität eingebüßt.

Die Zeit wird kommen, in welcher die Ethik der *Ehrfurcht vor dem Leben* zur maßgeblichen Orientierung für das Menschengeschlecht geworden ist. Denn wenn wir dieses Ziel verfehlen, wird es auch keine Menschheit mehr geben. Und bevor das eintritt, sollte vielleicht sogar unser schlichter und egozentrischer Überlebenswille klug und konsequent genug sein, über den eigenen Schatten der immer bloß temporären Selbstbehauptung zu springen.

Ohne etwas an Schönheit von sich aufzugeben, ohne seine Außergewöhnlichkeit inmitten der noch unzähligen Arten zu verleugnen und ohne Lebensfreude zu verlieren, wird der Mensch sich neu entwerfen und in ein neues Zeitalter eintreten: als wunderbares Leben inmitten von wunderbarem Leben.

Eine neue Harmonie kann dann die Symphonie des Lebens durchdringen. Bedürfnisse und ihre Befriedigung werden dem Grundsatz der ökologischen Homöostase folgen; nichts darf dann noch getan werden, was das Gleichgewicht der Lebensformen auf unserem Planeten unwiderruflich stört. So kommt der universale Lebenswille zu seinem Recht. Wir nennen das Lebensrecht, nicht mehr nur Menschenrecht. Es wird mit tiefgreifenden Folgen für unser Kultur- und damit auch Rechtsempfinden verbunden sein.

Am 10. Dezember 1948 verabschiedete die Generalversammlung der Vereinten Nationen als „Dokument 217 A (III)" die „Allgemeine Erklärung der Menschenrechte". Sie fand anschließend ihren Niederschlag in vielen nationalen Verfassungen, u.a. dem Grundgesetz der Bundesrepublik Deutschland. Auch wenn es sich dabei um eine unverbindliche Erklärung handelt, ist dieses Dokument trotzdem ein Quantensprung und strahlender Leuchtturm in der menschlichen Entwicklung.

Wie der Name zum Ausdruck bringt, geht es um Rechte und damit verbunden Pflichten des Menschen, immer in Bezug auf sich selbst. Dies zieht sich auch durch alle elf Unterabkommen. Die Erde, die Pflanzen, die Tiere kommen nicht vor. Heute wird mehr und mehr Menschen schmerzlich bewusst, dass die Verletzung der Würde von Boden, Pflanze, Tier und den Elementen auf uns selbst zurückfällt und auch die Wahrnehmung der Menschenrechte mindert.

Nun die allgemeinen Lebensrechte einzufordern, hat nach meiner Auffassung nichts mehr mit klassischen demokratischen Diskursen und daraus sich irgendwann möglicherweise ergebenden halbherzigen Entscheidungen zu tun. Es ist die wahrhaft zwingende Folge einer aus dem Imperativ des Lebens erwachsenen Vernunft. Die Zukunftsrechte der Erde mit allen Unterrechten für die einzelnen Lebensformen müssen denselben Stellenwert erhalten wie die Menschenrechte des einzelnen Bürgers auch. Entsprechend ist es überfällig, die Allgemeine Erklärung der Menschenrechte zu erweitern in eine „Allgemeine Erklärung der Lebensrechte“. (vgl. ausführlich Eurich 2016) Das ethische Universum der Ehrfurchtsethik Albert Schweitzers steht dafür Pate. Er hätte dies wohl ohne Wenn und Aber mitgetragen. So wahren wir auch sein Vermächtnis und transformieren es zur Grundlage des neuen Zeitalters. Schon ein klein aussehender Schritt, der Austausch nur eines einzelnen Wortes in der Präambel unserer Verfassung, könnte den Quantensprung einleiten:

> Die Würde des Lebens ist unantastbar.

Was bleibt mit Albert Schweitzer in diesem Sinne noch zu sagen?

> „Wirken, solange man kann.“

Die wichtigsten Lebensdaten

14. Januar *1875*, Geburt in Kaysersberg/Elsass als zweites von fünf Kindern des Pfarrers Ludwig Schweitzer und seiner Frau Adele

Oktober *1893* Beginn des Studiums der Theologie und Philosophie an der Universität Straßburg

1899 Promotion zum Dr.phil. in Straßburg

Juli *1900* zweite theologische Prüfung und Lizentiat. Ab November Vikar an St. Nicolai in Straßburg

1902 Habilitation für Neues Testament an der Universität Straßburg

Oktober *1905* Entscheidung zum Medizinstudium und anschließender Tätigkeit als Arzt in Äquatorialafrika

1908 erscheint die Schrift über Johann Sebastian Bach

Oktober *1911* medizinisches Staatsexamen

1912 ärztliche Approbation, Heirat mit Helene Bresslau und Verleihung des Professorentitels

März *1913* Abreise nach Lambarene

1917/1918 Rücktransport nach Europa aufgrund seiner deutschen Staatsangehörigkeit und Internierung an verschiedenen Orten

1918 Rückkehr ins Elsaß, Assistent im Bürgerspital und erneut Vikariat in St. Nicolai

1924-1927 zweiter Aufenthalt in Afrika

1927-1929 Konzerte und Vorträge in verschiedenen europäischen Ländern

August *1928* Goethepreis der Stadt Frankfurt am Main.

Ab *1939* überwiegend Aufenthalt in Afrika

September *1951* Friedenspreis des deutschen Buchhandels.

1954 Entgegennahme des Friedensnobelpreises, der 1953 rückwirkend für 1952 verliehen worden war. Titel seiner Nobelpreisrede: „Das Problem des Friedens in der heutigen Welt"

Letztes öffentliches Bach-Konzert in Straßburg

1959 letzte Reise nach Europa, Ehrenbürgerschaft der Stadt Frankfurt am Main

1963 „Mein Wort an die Menschen", Radio Oslo

4. September *1965* Tod in Lambarene. Albert Schweitzer wird neben seiner Frau Helene beigesetzt

(Bei der Auswahl der Lebensdaten habe ich mich auf die Angaben bei Einhard Weber, 2013 sowie Nils Ole Oermann, 2013 gestützt.)

Literatur

Albert *Camus*: Der Mythos von Sisyphos. Ein Versuch über das Absurde. Reinbek 1998/1956

Rudolfo *Dirzo* u.a.: Defaunation in the Anthropocene. In: Science, 25. Juli 2014, Vol. 345, S. 401-406

Hans Magnus *Enzensberger*: Vergebliche Brandung der Ferne. Eine Theorie des Tourismus. In: Merkur, 12. Jg., 1958, S. 701-720

Claus *Eurich*: Die Kraft der Friedfertigkeit. Gewaltlos leben. München 2000

Claus *Eurich:* Die heilende Kraft des Scheiterns. Ein Weg zu Wachstum, Aufbruch und Erneuerung. Petersberg 2014/2006

Claus *Eurich*: Aufstand für das Leben. Vision für eine lebenswerte Erde. Petersberg 2016

Jean *Gebser*: Einbruch der Zeit. Schaffhausen 1995

Claus *Günzler*: Der unbekannte Albert Schweitzer. In: Gottfried *Schüz* (Hrsg.): Was uns Not tut! Gründe, Hintergründe und Aktualität der Ehrfurcht vor dem Leben. Frankfurt 2017, S. 8-39

Georg *Hofmeister*/Gottfried *Schüz* (Hrsg.): Ehrfurcht vor dem Leben. Zur Aktualität der Ethik Albert Schweitzers. Hofgeismar 2010 (Hofgeismarer Protokolle 350)

Karl *Jaspers*: Die geistige Situation der Zeit. Berlin/New York 1979/1932

Hans *Jonas*: Das Prinzip Verantwortung: Versuch einer Ethik für die technologische Zivilisation. Frankfurt a.M. 1979

Hartmut *Kegler*: Albert Schweitzers Ehrfurcht vor dem Leben im Spiegel brisanter Lebensgefährdungen heute. In: Gottfried *Schüz* (Hrsg.): Was uns Not tut!...a.a.O., S. 69-142

Karl *Marx*: Rede auf der Jahresfeier des "People's Paper" am 14. April 1856 in London. In: MEW, Bd. 12. Berlin 1961, S. 3f.

Friedrich *Nietzsche*: Also sprach Zarathustra. Ein Buch für alle und keinen. In: Das Hauptwerk, III. München 1990, S. 531-761

Nils Ole *Oermann*: Albert Schweitzer. Eine Biografie. München 2013
Josef *Pieper*: Vom Sinn der Tapferkeit. Leipzig 1934
Jean *Pierhal*: Albert Schweitzer. Das Leben eines guten Menschen. München 1958
Max *Scheler*: Die Formen des Wissens und die Bildung. Bonn 1925
Gottfried *Schüz*: „...weil ich Jesus dienen möchte" – zur Bedeutung von Jesus für Schweitzer. In: Die geistigen Leitsterne Albert Schweitzers. Albert Schweitzer Rundbrief Nr. 108. Frankfurt 2016, S. 11-38
Gottfried *Schüz* (Hrsg.): Was uns Not tut! Gründe, Hintergründe und Aktualität der Ehrfurcht vor dem Leben. Frankfurt 2017
Albert *Schweitzer*: Die Weltanschauung der Ehrfurcht vor dem Leben. Kulturphilosophie. Band III, 1. und 2. Teil. Werke aus dem Nachlass. München 1999/2000
Albert *Schweitzer*: Kultur und Ethik in den Weltreligionen. Werke aus dem Nachlass. München 2001
Albert *Schweitzer*: Predigten 1898 – 1948. Werke aus dem Nachlass. München 2001
Albert *Schweitzer*: Vorträge, Vorlesungen, Aufsätze. Werke aus dem Nachlass. München 2003
Albert *Schweitzer*: Wir Epigonen. Werke aus dem Nachlass. München 2005
Albert *Schweitzer*: Ehrfurcht vor den Tieren. München 2006
Albert *Schweitzer*: Kulturphilosophie. Band I und II. München 2007
Albert *Schweitzer*: Die Ehrfurcht vor dem Leben. Grundtexte aus fünf Jahrzehnten. München 2013 (10.Aufl.)
Albert *Schweitzer*: Aus meinem Leben und Denken. Frankfurt 2015 (9. Aufl.)
Harald *Steffahn*: Du aber folge mir nach. Albert Schweitzers Werk und Wirkung. Stuttgart 1974
Klaus *Stoevesandt*: Albert Schweitzer und Albert Camus – Auf der Suche nach dem menschlichen Maß. Bonn 2013
Pierre *Teilhard de Chardin*: Der göttliche Bereich. Ein Entwurf des inneren Lebens. Olten 1962
Einhard *Weber* (Hrsg.): Albert Schweitzer Zitate. München 2013
Werner *Zager* (Hrsg.): Albert Schweitzer und das freie Christentum. Impulse für heutiges Christsein. Neukirchen-Vluyn 2005
Werner *Zager*/Erich *Gräßer* (Hrsg.): Albert Schweitzer. Theologischer und philosophischer Briefwechsel. 1900 – 1965. München 2006 (im Text zitiert als *Briefwechsel*)

Danksagung

Für wertvolle Ratschläge und die sehr gründliche Durchsicht des Manuskripts danke ich besonders *Dr. Einhard Weber* sowie seiner Frau *Renate Weber.*

Das *Deutsche Albert-Schweitzer-Zentrum Frankfurt* und seine Leiterin *Miriam M. Böhnert* haben den Zugang zu wichtiger Literatur von und über Albert Schweitzer ermöglicht.

Das *Albert-Schweitzer-Archiv in Günsbach* (Frankreich) war bei der Quellenrecherche von Korrespondenzen Schweitzers behilflich.

Kontakt

Prof. Dr. Claus Eurich
Nielande 59
48727 Billerbeck
www.interbeing.de
www.stiller-aufstand.de
clauseurich@web.de

Weitere Bücher aus dem Verlag Via Nova:

Aufstand für das Leben

Vision für eine lebenswerte Erde

Claus Eurich

Hardcover, 120 Seiten, ISBN 978-3-86616-378-2

Keine Frage: Wir leben in einer sehr besonderen Epoche der Menschheitsgeschichte und vielleicht entscheidet sich jetzt gerade die Zukunft unserer Spezies. Sich ungeschönt all die negativen Entwicklungen zu vergegenwärtigen und zugleich Mut und Hoffnung zu bewahren, scheint kein leichtes Unterfangen. Dass dies möglich und nötig ist - und zwar in tiefgründigster Weise - ‚zeigt dieses Buch mit Bravour. Anspruchsvoll reflektiert, nuanciert betrachtet und profund in historische und gegenwärtige Zusammenhänge gestellt, begegnen wir hier der unveränderlichen Kraft des Visionären. Diese Erkundungen am Rande des Möglichen und Machbaren sind ein überzeugend kraftvolles Plädoyer für das lichtvolle „Sichausrichten" in Gegenwart und Zukunft. Ein einzigartiger philosophisch - spiritueller Lesegenuss!

Über den eigenen Schatten springen

Vom Ego in die Liebe zum Leben

Claus Eurich

Hardcover, 224 Seiten, ISBN 978-3-86616-315-7

Leben wir in einer Zeit des Übergangs? Vieles spricht dafür! Alte Denkweisen und Handlungsstrategien scheinen den heutigen Herausforderungen der Menschheit nicht mehr gerecht zu werden. Was braucht es also für den nächsten Schritt der menschlichen Evolution? Jedenfalls ein grundlegend neues Verständnis über das Menschsein, der psychologischen, philosophischen und spirituellen Hintergründe seiner bisherigen Entwicklung und vor allem: heilsame Einsichten und Erkenntnisse! Dies alles finden Sie in diesem Buch, das uns im Tiefsten erinnern lässt an die großartigen schöpferischen Potentiale, die in uns stecken, wenn wir nur lernen, unser Ego-Bewusstsein zu transzendieren. Entdecken Sie notwendig neue und heilsame geistig-spirituelle Horizonte – tiefgründig, empathisch, hoffnungsvoll!

Führungskunst

Ethik, Kommunikation, Motivation, Vision, Integrale Vernunft

Claus Eurich

Paperback, 96 Seiten, ISBN 978-3-86616-346-1

Führungskräfte leben Verantwortung, geben Orientierung. Sie analysieren, ermutigen und ermöglichen. Sie sind die Balance zwischen kulturellen, ökonomischen und ökologischen Zielen. Dafür steht eine Haltung, die sich als Dienst an der Organisation, an den Mitarbeitern, an der Gesellschaft und dem Leben insgesamt versteht. Dieses Buch gibt einen kompakten Überblick über ein entsprechendes Führungsverständnis. Es beschreibt die zentralen Elemente einer integralen Vernunft und benennt die ethischen Herausforderungen in der Gegenwart. Es zeigt, wie man empathisch, gewaltfrei und zugleich zielorientiert und erfolgreich kommunizieren kann, wie intrinsische Motivation gelingt und warum Scheitern auch eine Chance ist.

Die heilende Kraft des Scheiterns

Ein Weg zu Wachstum, Aufbruch und Erneuerung

Claus Eurich

Taschenbuch, 144 Seiten, ISBN 978-3-86616-293-8

Jeder Mensch, selbst der erfolgreichste, kennt die Erfahrung des Scheiterns. Entscheidend ist jedoch, wie wir mit dieser Erfahrung umgehen, ob wir sie als Schwäche und Makel betrachten oder als Chance und Motivation. Dieses Buch verändert den Blick auf das Scheitern grundlegend und eröffnet eine ganz neue, heilsame Perspektive im Umgang damit. Es zeigt, welch große innere Wachstumspotentiale scheinbare Misserfolge und persönliche Krisen in sich bergen, wenn wir nur ihre inneren Botschaften erkennen. Vor allem in heutigen Zeiten des Wandels, wo auch im Großen Altes sich auflöst und Neues entsteht, erweist sich dieses Buches als wertvoller praktischer Begleiter für die eigene Lebensgestaltung und die persönliche Transformation.

Das Gute im Bösen

Die Versuchung als Impuls für das innere Wachstum

Claus Eurich

Hardcover, 144 Seiten, ISBN 978-3-86616-160-3

Wie die Erfahrung des Bösen das Gute im Menschen und seine Entwicklung fördern kann. Das Böse gehört als Verhängnis, als moralische Verfehlung und als metaphysische Macht zur unumstößlichen Wirklichkeit. Es tritt auf als dunkle Energie, die wir mit Zerstörung, Unglück, Verzweiflung und Leid in Verbindung bringen. Dieses Buch verbindet die wichtigsten Erkenntnisse über Erscheinung und Wesen des Bösen mit der Frage nach dem verborgenen Guten, das durch das Böse erweckt werden kann. Es gibt Hinweise, wie Menschen sich durch das Erkennen ihrer eigenen Anteile und durch eine andere, bewusste innere Ausrichtung dem Zugriff des Bösen schrittweise entziehen können.

Wege der Achtsamkeit

Über die Ethik der gewaltfreien Kommunikation

Claus Eurich

Hardcover, 184 Seiten, ISBN 978-3-86616-089-7

Der Mensch ist Kommunikation. Jedes Wort, jede Geste, alles Tun und Nicht-Tun enthält eine Botschaft. In der Weise unseres Kommunizierens mit der Um- und Mitwelt, mit unserer Innenwelt und mit dem göttlichen Bereich erweist sich zugleich die Tiefe unserer ethischen und spirituellen Beheimatung. In drei Abschnitten geht dieses Buch der Beziehung von Spiritualität, Ethik und Kommunikation nach. Ein wesentlicher Fokus liegt dabei auf der wechselseitigen Verbundenheit allen Seins. Der Entwurf eines integralen Ethos mündet schließlich in grundlegenden und zugleich konkreten Schritten einer gewaltfreien und empathischen Kommunikation. Wir lernen uns entsprechend auszurichten. Sowohl im Alltagsleben eines jeden Menschen als auch in beruflichen und systemischen Kontexten kann dies eine große Hilfe auf dem Weg achtsamer Lebensgestaltung sein.